Rosner · Menschenkenntnis für Führungskräfte

Ludwig Rosner

Menschenkenntnis für Führungskräfte

Die 42 wichtigsten
Persönlichkeitstypen

SPRINGER FACHMEDIEN WIESBADEN GMBH

Die Deutsche Bibliothek – CIP-Einheitsaufnahme

Rosner, Ludwig :
Menschenkenntnis für Führungskrafte :
die 42 wichtigsten Persönlichkeitstypen /
Ludwig Rosner.
    ISBN 978-3-409-18882-1   ISBN 978-3-322-87094-0 (eBook)
    DOI 10.1007/978-3-322-87094-0

© Springer Fachmedien Wiesbaden 1996

Ursprünglich erschienen bei Betriebswirtschaftlicher Verlag Dr. Th. Gabler GmbH, Wiesbaden 1996

Lektorat: Manuela Eckstein

Höchste inhaltliche und technische Qualität unserer Produkte ist unser Ziel. Bei der Produktion und Verbreitung unserer Bücher wollen wir die Umwelt schonen. Dieses Buch ist auf säurefreiem und chlorfrei gebleichtem Papier gedruckt. Die Buchverpackung besteht aus Polyäthylen und damit aus organischen Grundstoffen, die weder bei der Herstellung noch bei der Verbrennung Schadstoffe freisetzen.

Die Wiedergabe von Gebrauchsnamen, Handelsnamen, Warenbezeichnungen usw. in diesem Werk berechtigt auch ohne besondere Kennzeichnung nicht zu der Annahme, daß solche Namen im Sinne der Warenzeichen- und Markenschutz-Gesetzgebung als frei zu betrachten wären und daher von jedermann benutzt werden dürften.

Satz: ITS Text und Satz GmbH, Herford

ISBN 978-3-409-18882-1

Vorwort

Ökonomische Modelle versagen allzuoft, weil sie keine oder nur einseitige Komponenten für den menschlichen Faktor enthalten. Dabei gewinnt dieser Faktor zunehmend an Bedeutung. Die Fähigkeiten und das Potential der menschlichen Ressource sind gefragt. Doch Persönlichkeitsunterschiede, -merkmale und -potentiale sind vielen nur unzureichend geläufig.

Welcher Persönlichkeitstyp, gepaart mit entsprechenden fachlichen Voraussetzungen, ist für eine zu besetzende Stelle am besten geeignet und bietet damit der Organisation den größten Nutzen?

Gezielte Personalauswahl fällt leichter, indem man die eigene Menschenkenntnis überprüft, die „individuelle Typologie" (die jeder sein eigen nennt) vertieft und verbreitert. Durch Verständnis für den „einmaligen" Persönlichkeitstypus des Bewerbers oder Mitarbeiters, durch Souveränität im Umgang mit Menschen unterschiedlicher Persönlichkeit und nicht zuletzt durch die Klärung einer Reihe von Fragen läßt sich der Umgang mit anderen deutlich verbessern:

• Wie bin ich?

• Wie wirke ich auf andere?

• Wie sehe ich – unbewußt – den anderen durch die subjektive Brille meiner eigenen Persönlichkeit?

In diesem Buch werden die gängigsten Verhaltenstypen beschrieben: beispielsweise der Geltungsbedürftige, der Kontaktmensch, der Verschlossene, der Pedant, der Nörgler oder der Machtmensch, der Intro- oder Extrovertierte, der Pragmatiker oder der Beamtentypus. Anschließend werden diese „Typen" näher untersucht und auf die Persönlichkeitsstruktur hin analysiert. So ist eine überzeugende Charakterisierung und Einordnung möglich. Worauf es in der persönlichkeitsgerechten Behandlung ankommt, steht in den anschließenden knappen Zusammenfassungen. Ziel ist die treffsichere Einordnung aller Gesprächspartner, um so einen persönlichen und menschlichen Zugang zu ihnen zu finden.

Insgesamt lassen sich 42 „reine" Charaktertypen beschreiben. Bedenkt man, daß die meisten Menschen Mischtypen sind, so ist die Zahl der möglichen Kombinationen zwischen Typus A, B, C usw. zwar nicht unendlich (weil sich eben nicht alle Eigenschaften beliebig mischen), aber doch umfassend genug, jeweils den „richtigen Mann für den richtigen Platz" bzw. die „richtige Frau für eine sie motivierende Aufgabe" auswählen zu können. Diese Typologie ist gleichzeitig ein Kompendium für die Überprüfung und Erweiterung der eigenen Menschenkenntnis.

Persönlichkeitstypen sind keine neue Erfindung. Neu ist die Ausrichtung an ihnen, der kostbarsten Entität, die wir im Zeitalter der Ökonomie und Ökologie einzusetzen haben. Erprobt wurden die geschilderten Persönlichkeitstypen bei der Stellenbesetzung im Verkauf, im Kundendienst und am Telefon. Erfolgversprechende Versuche laufen zur Zeit auch in der Werbung. Dazu wurde eigens präzisiert, wie man einen Typus an wesentlichen Merkmalen, am Gesprächsverhalten und den Motiven, erkennt. Dabei zeigte sich, daß die Kommunikation meist sehr schnell in Richtung des erkannten oder zunächst nur vermuteten Typus erfolgte und dann die „Behandlung" individuell angepaßt werden konnte.

Das Buch soll Sie in die Lage versetzen,

- Ihre Menschenkenntnis anhand einer erprobten und bewährten Persönlichkeits- und Charaktertypologie zu vertiefen;

- individualtypische Motive von Bewerbern, Mitarbeitern sowie Gesprächs- und Verhandlungspartnern zu erkennen;

- die Motive der Gesprächspartner besser zu verstehen, um auf bestimmte Verhaltensformen gezielter eingehen zu können;

- sich selbst besser kennenzulernen, um im Spiegel der eigenen Persönlichkeit (Erscheinung, Wirkung, Argumentation und Glaubwürdigkeit) andere weniger „subjektiv" wahrzunehmen und auch mit schwierigen Partnern besser verhandeln und zusammenarbeiten zu können.

LUDWIG ROSNER

Inhalt

1. Die individuelle Persönlichkeitstheorie

Dreh- und Angelpunkt der Menschenkenntnis und Menscheneinschätzung ist es, ein unverfälschtes Charakterbild zu bekommen, um das Verhalten oder Handeln eines Menschen vorauszusehen oder gar vorauszusagen. Obwohl konkrete Vorhersagen über das Verhalten eines Menschen in einer – in der Regel komplexen – Situation schwierig sind, will man doch wissen:

- Was wird Müller tun? Wird er sich bewähren?

- Wie wird er reagieren? Kann er sich integrieren?

- Wie wird er sich in der Situation X verhalten?

Aus Erfahrung wissen wir, daß solche Vorhersagen tatsächlich oft intuitiv richtig gemacht werden. Wie ist das möglich? Es ist wahrscheinlich, daß sich alles über das Erkennen des Typus abspielt. Daß ein Mensch (d. h. das, was seine Persönlichkeit ausmacht) das ist, was eine Vorhersage darüber erlaubt, was er als Typus Y in einer gegebenen Situation X tun wird, ist eine waghalsige Behauptung. Doch wenn wir einen Menschen wirklich kennen, wissen wir auch, wie er sich in bestimmten Situationen verhalten wird: Unser Freund Max wird so oder so eingeschätzt. Wir wissen, wie er beispielsweise eine Information aufnimmt, verarbeitet und darauf reagiert. Wir „kennen" ihn eben.

Vorahnungen oder Vorhersagen fremden Verhaltens sind also möglich und in der Praxis genauso wichtig wie die Einschätzung der eigenen Persönlichkeit und des eigenen Verhaltens, wenn wir andere Menschen beurteilen wollen. Allerdings sind Personalverantwortliche und Führungskräfte nicht immer auch ausgezeichnete Menschenkenner. Ihre Stärke mögen in anderen Bereichen liegen. Für die „selbstgestrickten", mangelhaften Theorien sind vor allem falsche Konstruktsysteme die Ursache.

So, wie jeder eine Landschaft, ein Stück Garten oder eine komplizierte Maschine wahrnimmt und im Kopf speichert und beurteilt, so tut er das auch mit Menschen. Jeder Mensch hat seine Theorie von den Menschen – eine subjektive, individuelle Theorie. Was taugen diese Theorien? Was leisten sie? Die Frage, die man sich stellt, ist: Wie ist der andere? Welche „personellen Konstrukte" bilde ich mir über ihn, das heißt, anhand welcher Vorannahmen oder Typen klassifiziere oder erkläre ich mir sein Verhalten? Wir füllen Beobachtungen und erhaltene Informationen in unser Konstruktsystem ein, „passen" den Menschen dem gespeicherten Typus an, und seine Persönlichkeit wird sein Konstruktsystem.

Das klingt merkwürdig, ist aber richtig. Denn so, wie wir einen Menschen in uns aufnehmen, so ist er dann. Andererseits gilt: Wir können miteinander erst umgehen, wenn wir uns auf die Konstrukte unseres Gegenübers einlassen. Ist der andere nun anmaßend, bescheiden, weltoffen oder ein Grübler – wir nehmen ihn, wie er sich gefällt. Erst dann können wir eine Rolle in einem gemeinsamen sozialen Prozeß spielen, sei es als Gesprächspartner, Vorgesetzter oder Kunde.

Am Anfang muß das „Schubkastendenken" beiseite geschoben und das vorhandene Wissen über Menschen psychologisch geordnet, die „selbstgestrickte Menschenkenntnis" also gründlich überprüft werden. Die subjektive Einschätzung von Menschen, die oft fatalen Wirkungen des „ersten Eindrucks", von Sympathie und Antipathie, persönlichen Vorlieben für Menschen bestimmter Art, aber auch emotionale Faktoren, wie beispielsweise die „richtige Wellenlänge" oder Voreingenommenheiten, sind nicht einfach zu negieren. Sie existieren und haben ihre Wurzel in der Persönlichkeit des Beurteilers selbst. Daher ist eine Selbstanalyse angezeigt, auf die wir später näher eingehen werden.

Da jede Führungskraft, jeder Personalleiter über Menschen entscheidet und sich dabei in der Regel recht sicher fühlt, müssen also begründete Annahmen über Merkmalsbeziehungen vorhanden sein. Sie sind Bestandteil der impliziten Persönlichkeitstheorie. Jeder Beurteiler, von der Kindergärtnerin über den Universitätsprofessor bis hin zum Aufnahmeleiter beim Fernsehen, hat eine auf eigenen Erfahrungen oder auf Informationen beruhende „Theorie" über die mutmaßliche, mögliche oder tatsächliche Persönlichkeitsstruktur anderer Menschen. Sie werden als individuelle Verhaltensweisen samt Verhaltensursachen wahrgenommen.

Die implizite Persönlichkeitstheorie beinhaltet auch Erwartungen darüber, wie sich „erkannte" Persönlichkeitsfaktoren auswirken werden, wie Persönlichkeitsmerkmale zusammenhängen, ob und wie sie voneinander abhängig oder unabhängig sind. Auch wenn man nur einige Informationen verbürgt besitzt, hat man dennoch das Gefühl der Sicherheit, einen als gültig erlebten und abgerundeten Eindruck von einem Bewerber erlangt zu haben. – Der Einfluß der impliziten Persönlichkeitstheorie auf die Urteilsbildung wird selten bewußt. Eine besondere Art impliziter Hypothesen über Merkmalszusammenhänge sind Stereotype: „Alle Frauen sind ...", „Alte denken an so etwas nicht", „Die ‚Jungen' sind ...", „Techniker sind stur", „Kaufleute sind Erbsenzähler".

Gute Menschenkenntnis ist größtenteils das Ergebnis von Selbstprüfung und Selbstkontrolle. Nur wer sich selbst kennt, kennt auch andere. Seien wir bescheidener: Selbsterkenntnis hilft, die gröbsten Fehler in der Beurteilung anderer zu vermeiden. Ein großer Teil unseres Wissens über Merkmalskovariationen ist zu Beginn unserer Tätigkeit als Beurteiler ungeprüft und daher nicht immer zutreffend. Algorithmische Rechenvorgänge stellen wir nicht an; wir sammeln nicht in einer notwendig großen Reihe von Fällen zwei oder mehr Variable, um exakte Prognosen zu machen. Wir sind keine Mathematiker im Beurteilungsprozeß, sondern Menschen. Wir machen Fehler und irren uns.

Personalchefs, aber auch die meisten Führungskräfte beurteilen täglich Menschen, und meist kommt es auf den ersten Eindruck an. War er positiv oder negativ? Der „erste Eindruck" ist eine unausgesprochene Beurteilung, die sich nur indirekt an ihren Auswirkungen erkennen läßt, aber sie hat eine ungeheuer praktische Relevanz für die künftigen Beziehungen. Denn bevor der an einem Bewerber interessierte Vorgesetzte sein Gegenüber richtig erkannt hat, macht er im stillen bereits Prognosen über Offenheit, Vertrauenswürdigkeit, Kompromißbereitschaft und dergleichen, was sein Verhalten schon während des Vorstellungsgesprächs beeinflußt.

Dem „ersten Eindruck" liegt eine Personenwahrnehmung zugrunde, die Eigenschaften, Stimmungen und Gefühle erfaßt. Ob sie echt und dauerhaft sind, weiß man nicht. Das eigentlich noch unbekannte Gegenüber ist zudem im Zusammenhang mit der besonderen Situation Bewerber/künftiger Vorgesetzter einzuschätzen. Die Eindrucksbildung ist nicht analytisch. Das Ergebnis hat die Form der intuitiven Informationsverarbeitung. In dieser Situation spielt die verstandesmäßige Komponente noch keine Rolle. Erschwerend kommt hinzu, daß jede erste Begegnung, was die Wahrnehmung des jeweils anderen anbelangt, ein wechselseitiger Prozeß ist: Jeder beurteilt jeden.

Wie können wir dieses Dilemma lösen? – Sicher kennen Sie den einen oder anderen Bewerber, Kollegen, Lieferanten oder Kunden, der Ihr persönliches Interesse weckt, über den Sie sich aber nicht klar sind, wie er einzuordnen ist, der Ihnen auch Schwierigkeiten in der Behandlung macht. Versuchen Sie, ihn über folgende Beschreibung näher zu definieren:

- **Gesamterscheinung:**
  z. B. sympathisch/unsympathisch, gepflegt/ungepflegt, Alterseindruck, Manieren, Körperbau, Körperhaltung

- **Gesichtsausdruck:**
  z. B. offen/verschlossen, entspannt/verkrampft, ernst/heiter

- **Blick:**
  z. B. stetig/unruhig, offen/verschlossen, mißtrauisch, fixierend, abweisend, lauernd

- **Auftreten:**
  z. B. ruhig/sachlich/bescheiden/anmaßend usw., Händedruck, Gang, Sprache, Sprechtempo, Ausdrucksweise

- **Gesprächsführung/Argumentation:**
  z. B. vertraulich/kalt, flott/schleppend, zielgerichtet/umständlich, überzeugend/unsachlich, geschliffen/plump

- **Mitmenschliches Verhalten:**
  z. B. verständnisvoll/verständnislos, hilfsbereit/uninteressiert, großspurig, autoritär

Versuchen Sie, den intuitiven Eindruck näher zu beschreiben:

	Ist er ...
eher ...	oder ...
labil	**stabil**
launisch	ausgeglichen
empfindlich	sorglos
ängstlich	tonangebend
unruhig	ruhig
bedrückt	lebhaft
reizbar	beherrscht
introvertiert	**extrovertiert**
zurückhaltend	impulsiv
schweigsam	kommunikativ
ungesellig	gesellig
passiv	aktiv
nachdenklich	gesprächig
sorgsam	lässig

- Wie ist Ihr erster Eindruck, nachdem Sie die Tür hinter ihm geschlossen haben?

- Was stört Sie an seiner Person, was fällt Ihnen negativ auf?

- Mit welcher seiner Eigenschaften oder Verhaltensweisen kamen Sie nicht zurecht?

- Was haben Sie schon versucht, und worauf werden Sie bei der nächsten Begegnung besonders achten?

Personenwahrnehmung ist ein höchst individueller Vorgang. Wenn man sich nicht kontrolliert, stehen allen möglichen Fehlurteilen Tür und Tor offen. Persönliche Konstrukte, man kann auch sagen „private Persönlichkeitstheorien", als Denk- und

Orientierungshilfen sollen nicht völlig ausgeschlossen werden. Sie wirken als ein (scheinbar logisches) System, welches Wahrnehmung und das Urteil organisieren und strukturieren hilft. „Den Typ kenn' ich, Schulze war genauso" – das mag stimmen (oder auch nicht!). Aber: In diesem Sinne fließen z. B. Auffassungen des Beurteilers über Wert und Unwert, Vorkommen, Häufigkeit und Ausprägung von Persönlichkeitsmerkmalen in sein Urteil ein! Das kann das Ergebnis verfälschen.

Man muß prüfen, inwieweit man von unausgesprochenen Vorannahmen ausgeht, was Menschen allgemein und die Einzelpersönlichkeit im besonderen angeht. Denn Eigenschaften und Merkmale anderer Personen werden in der Regel nicht wertfrei gesehen. Im Extremfall sind Menschen nach solchen „privaten" Persönlichkeitstheorien entweder „geeignet" oder „ungeeignet", „gut" oder „schlecht", „strebsam" oder „faul", „aufgeschlossen" oder „verstockt", „ernsthaft" oder „oberflächlich", „fundiert" oder „einfache Mitläufer". Sie sind von dieser oder jener Seite her „Marschierer" oder „müde Krieger", „Realisten" oder „Phantasten", „einer von dieser oder jener Sorte". Der eine ist „zu jung für den Job", andere „haben kein Format", sind einfach „ungeeignet", ohne daß dies näher begründet wird.

Fassen wir die wesentlichen Täuschungs- und Irrtumsmöglichkeiten zusammen:

1. Jeder Kontakt zwischen Menschen geht mit **gegenseitiger Beurteilung** einher. Beurteilen Sie den anderen „günstig", so wird auch sein Urteil über Sie im besseren Licht erscheinen.

2. **Beurteilungen nach dem „ersten Eindruck"** sind von Erfahrungen mit äußerlich ähnlichen Personen stark geprägt. Das Aussehen eines Menschen hat aber wenig mit seiner Persönlichkeit zu tun. Versuchen Sie, sich davon frei zu machen.

3. **Übertragungsfehler** entstehen, wenn Sie in einer Person Merkmale oder Motive wahrnehmen, die ein anderer in der gleichen Position hatte.

4. Viele Beurteiler begehen folgenden Fehler: Sie nehmen Merkmale und Motive bei anderen wahr, die sie selbst haben oder die sie selbst haben möchten. Dieser **„Ähnlichkeitsfehler"** kann in einer belanglosen Situation willkommen sein, in einem Autoritätsverhältnis aber als Anbiederung empfunden werden.

5. Manchmal tritt die Neigung zutage, dem anderen entgegengesetzte Merkmalsausprägungen zuzuschreiben, als man selbst hat oder als man sich selbst zuschreibt: Er ist ein Pfennigfuchser; er manipuliert ständig; er will nur selbst gut herauskommen usw. Dieser **Kontrastfehler** erklärt sich auch anhand des Beispiels des guten Managers: Je mehr Erfolg er hat, desto mehr „Schwache", „Erbsenzähler" und „Nichtskönner" sieht er auf der anderen Seite.

6. **Verallgemeinerungsfehler** passieren häufig: Aufgrund einzelner situativer Beobachtungen wird darauf geschlossen, daß der Betreffende insgesamt so sei, z. B. unpünktlich, kurz angebunden, unzuverlässig, flexibel oder unflexibel, anpassungsfähig, eigenwillig, kreativ usw.

7. Wer die Neigung hat, seine Erwartungen aufgrund von Vorannahmen bestätigt zu sehen, kann leicht enttäuscht werden. Vielleicht war er zu optimistisch, oder er besitzt eine geringe Konflikttoleranz, ist schnell enttäuscht, wenn sich der Bewerber nicht so zeigt, wie er es erwartet. Ein solcher **Erwartungsfehler** kann die emotionale Seite so sehr beeinflussen, daß man die realen Chancen im Gespräch kaum wahrnimmt und zu falschen Schlußfolgerungen gelangt.

8. **Schwarzweißmalerei** ist gelegentlich Ursache für andere Mißerfolge in der richtigen Wahrnehmung, Beobachtung und Verhaltenserklärung und damit in der Persönlichkeitsbeurteilung. Das Abgeben extremer Urteile, und zwar gehäuft in bezug auf eine Gruppe mit weitgehend homogener Merkmalsausprägung, z. B. „die Beamten sind so ...", beruht auf Einzelerfahrungen, kann darüber hinaus aber auch der verborgene Wunsch sein, in bezug auf diese Gruppe nichts in der Schwebe zu lassen oder jedem vorauszusehenden Konflikt aus dem Wege zu gehen.

9. Der **Hof-Effekt** und **Sympathiefehler** sind sehr verbreitet. Beim ersten überstrahlt ein hervorstechendes Merkmal oder der Gesamteindruck so stark, daß andere Merkmale in den Schatten treten oder gar nicht wahrgenommen werden. Beim zweiten herrscht die Tendenz vor, sympathisch erlebten Menschen generell gute Eigenschaften zuzuschreiben.

10. **Fehler der Nähe** nennt man die Tendenz eines Beurteilers, Merkmale ähnlich zu beurteilen, wenn sie miteinander verknüpft sind, wie z. B.: Wer intelligent ist, ist auch schlau, und wer schlau ist, macht keinen Blödsinn.

2. Persönlichkeit und Menschentypus

Der Lebenslauf ist die erste vage „Begegnung" mit dem Bewerber. Seine **Analyse** sollte nicht zu kurz kommen. Lebensdaten sind nicht zufällig. Das einzelne Ergebnis, soweit festgehalten, hat oft einen intimen Bezug zur Persönlichkeit des Bewerbers!

Daten und Angaben – aber auch deren Formulierung aus der Sicht des Bewerbers – lassen den ersten wesentlichen Schluß zu, wie der Betreffende sich und die Ereignisse in seinem Leben interpretiert, d. h. „wie er selber ist". Geschriebene Lebensläufe (nicht die tabellarischen) lassen den gelegentlich sehr ergiebigen Schluß zu, wie sich jemand „die Welt zurechtrückt, um selber darin gut auszusehen".

Der zentrale Punkt der Persönlichkeit, das Ich, zitiert Ereignisse herbei oder meidet sie. Das Schicksal des einzelnen ist weniger etwas „Geschicktes" als vom Individuum Herbeigezogenes oder Gemiedenes, Gestaltetes oder Verdrängtes – die Summe von Bewältigtem oder Unbewältigtem.

Persönliche Eigenarten entstehen früh und ziehen sich, wenn auch unter wechselnder Interpretation, durch das Leben des einzelnen. Wesenszüge haben Bestand. Aus den Stellungnahmen zu den Fragen zum Lebenslauf, zur Herkunft und Familie, zu Entscheidungen in Kindheit, Jugend und Karriere, geht die „Lebensthematik" des Menschen hervor.

Analyse des Lebenslaufs

Wie war die Gesamtentwicklung des Bewerbers?

1. **Zeitfolgenanalyse**
   Was geschah in seinem Leben? Wann, warum? Zeitlücken?

2. **Ausbildungs- und Positionsanalyse**
   Schulen: Schulwechsel; Ferienjobs; Lehre; Praktikum; berufliche Stellungen; folgerichtig? Aufstieg? Abstieg? Wechsel des Berufs oder Arbeitsgebietes? (Warum?)

3. **Strukturelle Merkmale des Lebenslaufs**
   Qualitative Ausprägungen, allgemeine Entwicklungstendenz, inneres Leitbild

4. **Das soziale Niveau**
    Elternhaus, frühere oder spätere Wohnorte, soziales Milieu, soziologische Einflüsse und Auswirkungen

5. **Lebensthematik**
    Interessen; Ziele; Motive; Motivkonstellationen

Einige Studien, u. a. der Psychologin M. R. Winterbotton sowie meine eigenen Untersuchungen, gehen von der Grundannahme aus, daß sich der junge Mensch zuerst an Selbständigkeit gewöhnen muß, ehe er überhaupt Leistungsstreben entwickeln kann. Die Basis für „Leistungsstreben" wird in der Kindheit geschaffen.

Manche Eltern muten zum Beispiel ihren Kindern viel früher und viel mehr Selbständigkeit zu als andere. Das beginnt schon mit dem Essen und mit dem Anziehen. Verwöhnte Sprößlinge brauchen oft noch im schulpflichtigen Alter Hilfe, um in ein Hemd zu kommen oder sich die Schuhe zuzuschnüren. Andere Kinder erledigen das alles schon lange vor dem Schulalter selbständig. Manche haben darüber hinaus viele andere Freiheiten, etwa darin, was und mit wem sie spielen wollen.

Wer junge Menschen einstellt, wundert sich oft, wie mancher 16- oder 18jährige voll entfaltet und für den Ausbildungsplan als „voll tauglich" erklärt werden kann und wie andere Gleichaltrige „noch Kinder" sind, bei denen man nicht weiß, ob man ihnen nicht einen Gefallen täte, wenn man sie „zu Muttern" wieder heimschickte. Was hat es mit der Erziehung, Persönlichkeitsreifung und dem Leistungsstreben auf sich?

Persönlichkeitsentwicklung

Die Ergebnisse der Studien, Lebenslauf- und Milieuanalysen lassen keinen Zweifel darüber, daß eine sehr frühe Erziehung zur Selbständigkeit den Leistungswillen fördert. Allerdings zeigte sich auch, daß es nicht nur auf die Selbständigkeit ankommt. Die Einflüsse und Wirkungen sind in der Erziehung weitaus komplizierter. Selbständigkeit allein tut es nicht. Bedeutend sind offenbar noch das innere Vertrauen auf feste Regeln und Gebote. Am ehesten bildet sich offenbar Leistungswille, wenn Kinder ziemlich früh selbständig sein dürfen, aber in dieser Selbständigkeit durch nicht allzu viele und nicht allzu einengende, dafür aber klare und unbedingt einzuhaltende Regeln geführt werden. Eine autoritäre Erziehung, die das Kind mit einem Zaun von ehernen Gesetzen einsperrt, unterdrückt den Leistungswillen ebenso wie eine Freiheit, die zwar viel Gelegenheit zur Selbständigkeit gibt, aber keine Führung und Erziehung mehr gewährt und keine Ansprüche stellt.

Menschen unterscheiden sich in vielfacher Weise voneinander. In der Alltagspsychologie werden dafür gern folgende Ursachen angenommen:

- **Die Eigenschaft ist vererbt**
  „Ihre Mutter ist genauso." Ist sie es wirklich? Wie stark spiegelt sich die Mutter in ihrem Kind – oder umgekehrt das Kind in der Mutter?

- **Die Eigenschaft ist erziehungsbedingt**
  „Er hatte liebevolle/autoritäre Eltern." Es kann aber auch die Aggressivität des Kindes sein, die die Mutter immer mehr in eine autoritäre Haltung treibt.

- **Die Eigenschaft ist angeboren**
  „Schon als Säugling war sie ein Schreihals." Tatsache ist, daß die frühkindliche Persönlichkeit in der Regel keinen langfristigen Effekt auf die Entwicklung von Persönlichkeitsmerkmalen hat.

- **Die Eigenschaft beruht auf der Geschwisterposition**
  „Schon früh mußte er als Ältester Verantwortung übernehmen." Eine scheinbare Einfachheit der Eigenschaftszumessung, fast wie nach dem Sternbild. Selbstbeurteilung und Fremdeinschätzung finden keine Unterschiede zwischen Erst- und Spätgeborenen.

- **Die Eigenschaft ist die Folge frühkindlicher Entbehrung**
  „Kein Wunder, daß er so rebellisch ist, er wuchs ja in einem strenggläubigen Waisenhaus auf." Schlüssige Beweise gibt es dafür nicht. Allerdings leben mehr Heimkinder sozial zurückgezogen und/oder reagieren überempfindlich und leiden unter emotionalen Störungen (größere Gehemmtheit). Einige erweisen sich sogar als „unverwundbar"; sie „verdauen" alles.

In einer Langzeitstudie des Max-Planck-Instituts für psychologische Forschung ging es um die Frage, wie individuelle Persönlichkeitsunterschiede entstehen. Wie die Untersuchung zeigt, beruhen Intelligenzunterschiede etwa zur Hälfte auf genetischen Faktoren und zur knappen Hälfte auf „familiären" Umweltfaktoren. Nach der gleichen Untersuchung beruhen Persönlichkeitsunterschiede bei den Persönlichkeitsmerkmalen, die soziales oder emotionales Verhalten betreffen, wie Hilfsbereitschaft, Dominanz, Ehrlichkeit, Aggressivität, Pünktlichkeit, Schüchternheit, cholerisches Temperament, Neigung zu depressiven Verstimmungen, etwa zur knappen Hälfte auf genetischen Unterschieden, zu einem etwa gleich großen Anteil auf personenspezifischen Umweltfaktoren.

Die Summe von Einstellungen, Urteilen und Werthaltungen eines Menschen bezüglich seines Verhaltens, aber auch seiner Fähigkeiten und Eigenschaften, ist das Selbstkonzept: Das bin ich; so bin ich, das kann ich. Man kann auch vom Ich oder Ich-Bewußtsein sprechen. Das Ich ist der evidenteste Bewußtseinsinhalt. Das Selbst-

---

Auf einen Blick

- Viele Ursachen bewirken die Persönlichkeitsentwicklung.

- Intelligenzunterschiede beruhen etwa zur Hälfte auf genetischen Faktoren und zur knappen Hälfte auf „familiären" Umweltfaktoren.

- Ein stabiles Selbstkonzept ist „lebensnotwendig".

- Persönlichkeitsmerkmale sind zeitlich und situativ stabile Verhaltenstendenzen.

konzept betont jedoch den konstruierten Charakter der Vorstellungen von sich selbst, was eine stabilisierende Wirkung hat.

Zwei Prozesse spielen hier eine zentrale Rolle:

- Die Persönlichkeit eines Menschen filtert seine Wahrnehmungen (und das kann selbstverständlich Rückwirkungen auf seine Persönlichkeit haben). „Umwelt" wird mit einer bestimmten Erwartung wahrgenommen, und man kann sagen, daß sich Persönlichkeitsunterschiede sehr oft in Erwartungsunterschieden niederschlagen (Selbstunsicherheit versus Selbstsicherheit; Pessimisten versus Optimisten usw.).

- Äußere stabilisierende Faktoren sind ebenso wichtig wie beispielsweise die Konstanz der äußeren Umwelt oder das Gegenteil. Der einmal erworbene „Ruf" (brav, aggressiv, bescheiden, vorlaut usw.) kann Signalcharakter haben. Andere Menschen gehen auf Persönlichkeitseigenarten ein, halten dadurch das Verhalten aufrecht (z. B. kann Dominanz zu einer submissiven Haltung anderer führen, den Dominierenden also bestätigen usw.).

Die Entwicklung des Selbstkonzepts im emotionalen und sozialen Bereich ist stark von individuellen Erlebnissen und Erfahrungen abhängig, eine Bedingtheit durch sehr komplexe Notwendigkeiten, in denen der schlichte Zufall eine bedeutsame Rolle spielt. (Zeitpunkt und Umstände der Ich-Findung, auslösende „Schlüsselerlebnisse", Trotzreaktionen ...). Je stärker die Umweltwinde pfeifen, desto stärker verformen sie die Pfade, auf denen der einzelne wandelt. Vom Selbstkonzept zum Typus führt ein gerader Weg. Wie immer der Anfang war, das Selbstkonzept gibt Gewißheit, wenn es ringsherum stürmt und tobt. Es ist der Zufluchtsort, wo man sich selbst findet, wo man mit sich ins reine kommt, wo Konflikte erlitten und wo „Gegenmaßnahmen" ihre Taktik und Strategie zumindest in der Phantasie finden. Mit der Zeit werden Reaktionen und Verhalten immer stabiler.

Ein einmal erworbenes und stabiles Selbstkonzept ist „lebensnotwenig". Die Stabilität der Unterschiede von Mensch zu Mensch gibt Gewißheit. Für das Individuum bedeutet es Erhaltung der Identität, für das soziale Umfeld ist es Orientierungspunkt in der Kommunikation und Kooperation. Der Typus erleichtert den Umgang. Im Umgang mit anderen nimmt man Konstanz an. Persönlichkeitsmerkmale sind zeitlich und situativ stabile Verhaltenstendenzen.

Individuum, Persönlichkeit, Charakter

Jeder ist einmalig. Diesen Sachverhalt drückt das Wort Individuum aus. Alle, auch die winzigsten Merkmale zusammengezählt, ergeben das Individuum, ein einmaliges Wesen der Gattung Mensch. Aus der Gesamtpersönlichkeit treten jedoch häufig einzelne Merkmale deutlich hervor. Im betrieblichen Alltag der Beurteilung fallen besonders die überstarken Ausprägungen ins Gewicht: Der einzelne wird zum „Zuverlässigen" oder „Unzuverlässigen", zum „Kontaktmenschen" oder „Außenseiter", zum „Autoritären" oder „Angepaßten" usw. Das heißt, er wird zum Typus. Die Komplexität der Persönlichkeit bleibt dabei jedoch allzu leicht auf der Strecke. Sofern es sich bei solchen Typisierungen um durchgehende Charakterzüge handelt, ist neben dem Erscheinungsbild der seelische Hintergrund auszuleuchten.

Während mit „Person" ein Mensch ganz allgemein, ohne jede Zuschreibung von Eigenschaften gemeint ist, zielt das Wort Persönlichkeit auf spezifische Merkmale eines Menschen ab. Die Komplexität des Aufbaus der Persönlichkeit ist ebenso angesprochen wie auch die relative Konstanz der Grundstruktur einer Persönlichkeit. Persönlichkeitsunterschiede – Persönlichkeitstypen – sind als spezifische Reaktionsgewohnheiten aufzufassen: Typus A wird in einer bestimmten Kaufsituation anders reagieren als Typus B.

In diesem Zusammenhang sei noch die Bezeichnung Charakter erläutert. Im weitesten Sinne meint man damit eine Eigenart oder Eigentümlichkeit eines Menschen (Geiz, Großzügigkeit, Moral usw.). Meist mit eingeschlossen ist der Gedanke des Person-Werdens (z. B.: Er stammt aus einer puritanischen Familie) oder des Person-Seins (z. B.: Er ist ein Pendant). Es versteht sich, daß auch der sittliche „Charakter" mitgemeint ist (z. B.: Er ist ein Moralist). Auf alle Fälle denkt man bei dem Wort „Charakter" an Festigkeit und bleibende Einstellungen.

Da Persönlichkeit der umfassendere Begriff ist, wird dieser am meisten gebraucht. Typus ist in der Einteilung aller Persönlichkeiten in ein System ein Kunstgriff. Ein solches System bildet den Bezugsrahmen zur Erklärung und Beschreibung eines Verhaltens und Erlebens, das für eine bestimmte Person relevant ist. Ein Typus bedeutet eine Vereinheitlichung, sicher aber auch eine Vereinseitigung, in klarer Form sogar eine Übersteigerung des oder der wesentlichen Merkmale. Der Typus gibt aber den Hintergrund, auf dem die Individualität um so leichter zu erkennen ist. Er bringt das Gemeinsame einer bestimmten Gruppe von Individualitäten zum Ausdruck.

Die Typologie entsteht zunächst durch Beobachtung, dann durch Beschreibung. Was ist typisch? Was wiederholt sich? Was ist an einer Reihe von beobachteten Merkmalen konstant, was nur situationsbedingt?

Merkmale und Eigenschaften müssen beschrieben, d. h. zur Wiedererkennung formuliert werden. Das allein genügt aber nicht: Wir müssen Verhalten auch erklären können, um eine Vorhersage für künftiges Verhalten zu machen. So sind die Beschreibungen der 42 Typen zu verstehen, als Analyse und gleichzeitig als Anleitung.

Greifen wir zwei Typen heraus, den Pedanten und den Geltungsbedürftigen. In Kurzform müssen wir uns bei dem einen auf die geschlossene Abwehrhaltung gegenüber allem und jedem, was nicht „vorschriftengetreu" ist, bei dem anderen im Gegenteil auf Aufgeschlossenheit und Hellhörigkeit gegenüber allem gefaßt machen, was seinen Geltungsanspruch erklären könnte.

In der Sprache der Verkäufer, besonders was ihre „schwierigen" Kunden anbelangt, kommen etwa die folgenden Bezeichnungen und Kurzcharakteristiken vor:

- **Die Konventionellen und meist Zuverlässigen**
  Sie halten fest an sozialen Verhaltensregeln und Gewohnheiten, auch wenn diese von gestern sind. Sie selbst verschwinden dahinter. (Das starre, stereotype Haften an sozialen Regeln und Vorschriften ist oft auch ein Charakteristikum der autoritären Persönlichkeit.)

- **Die Radikalen, die Angst einflößen wollen**
  Gemeint sind Menschen mit sehr geringer Anpassung an allgemein gültige Normen des Verhaltens. Sie „sind, wie sie sind", intolerant, aggressiv, rücksichtslos.

- **Die Dominanten mit starker Selbstbehauptung**
  Sie streben nach Selbstbehauptung und Unabhängigkeit, sind bestimmt in Auftreten und Haltung, durchsetzungsstark, oft gebieterisch, jedenfalls auf die eine oder andere Weise vorherrschend.

- **Die Super-Verläßlichen oder Pedanten**
  Sie sind gewissenhaft bis pedantisch, beharrlich, ausdauernd, stetig, haben Prinzipien; sie sind emotional unabhängig, sehr pflicht- und verantwortungsbewußt

- **Die „Aalglatten" oder „Chamäleon"-Typen**
  Das sind die flexiblen Anpasser. Sie schlüpfen sozusagen in jede Rolle und halten wenig von Konventionen. Eigentlich sind sie ausgeprägte Egoisten.

- **Die Kontaktfreudigen, Sympathischen**
  Sie sind nach außen gerichtet, kontaktbereit, geben sich unkompliziert und anteilnehmend, ja warmherzig. Dieses großzügige heitere Wesen will den anderen von Anfang an voll „vereinnahmen".

- **Die Mißtrauischen, Zögerlichen, Introvertierten**
  Argwöhnisch, mißtrauisch – ohne Verständnis, Duldsamkeit und Versöhnlichkeit – bleiben sie anderen gegenüber mißgünstig und feindselig.

Es zeigt sich, daß beispielsweise erfahrene Verkäufer ein gut entwickeltes Gespür für den Typus haben. Um den anderen zu erkennen, gilt es, folgendes in seine Überlegungen einzubeziehen: Jeder „konstruiert" sich seine Welt selbst. Sie ist so oder so, und der einzelne erscheint in dieser oder jener Rolle. Danach erwartet er, daß sich ein Ereignis auch so ergeben wird. Weiß der Bewerber nicht, daß sein Gesprächspartner jemand ist, der aufgrund seiner Persönlichkeit Dominanz braucht, weil er Furcht hat, unterlegen zu sein, so kann er sich auf einiges gefaßt machen. Es ist wichtig, sich von vornherein auf diese Möglichkeit einzustellen! Zur Klärung unseres Problems einer „Selbstkontrolle" (das eigene Verhalten muß diszipliniert werden), ist es wichtig zu wissen, wie wir diesem Typus begegnen werden: Ebenso dominant, die eigene Dominanz zurücknehmend oder sich unterordnend? Das Konstruieren von Ereignissen, etwa wie die Verhandlung verlaufen wird, schließt auf beiden Seiten immer auch persönlich wertende Maßstäbe ein. Diese muß man in den Griff bekommen.

Machen wir es uns ein bißchen schwerer: Wie werden wir dem Typus gegenübertreten? Nun, der Psychologe in uns muß in seinem Erkenntnisprozeß die „Konstrukte" seines Gegenübers durchspielen. Wie denkt und fühlt der Dominante? – Es kann nicht darum gehen, die Konstrukte der eigenen Persönlichkeit in seinem Gegenüber abzubilden, in ihm etwa den „bösen Autoritären" zu sehen oder, wenn man selbst dominant ist, sich zu freuen, daß man sich in ihm wiederfindet. Beides wird nachhaltige – negative – Folgen im Gespräch haben.

Wichtig ist, sich in den anderen hineinzudenken, wenn möglich, sich in ihn hineinzuversetzen. Gelingt das, so ist es nicht mehr schwer, auch seine Sprache zu sprechen. Das ist keine Selbstverleugnung, eher eine Erhöhung des eigenen Selbst. Denn wir haben uns diszipliniert und dem anderen die Freude bereitet, seine Persönlichkeit bestätigt zu finden.

In der Phase des Abtastens und Sichkennenlernens kann es vorkommen, daß man von einem einzigen Merkmal oder dem generellen Eindruck einer Person so stark gefangengenommen ist, daß es die Beurteilung aller übrigen Merkmale beeinflußt. Ein Merkmal ist nicht die Gesamtpersönlichkeit: Wie also sehen die übrigen Merkmale aus? Durch sorgfältige, längere Beobachtung kann dieser erste Eindruck weitgehend neutralisiert werden.

Ein weiterer Beurteilungsfehler ist die Überbewertung von Erscheinen und Auftreten. Dabei beeinflussen persönliche Erfahrungen, Vorstellungen und Erwartungen des Beurteilers die Eindrucks- und Urteilsbildung mitunter so stark, daß man sich auf den Partner vollkommen falsch einstellt.

Jeder Persönlichkeitstypus kann Sympathie oder Antipathie auslösen. Der „gute Kontaktmensch" mag dem Introvertierten auf die Nerven gehen, wie auch der Dominierende dem sich nicht gern Unterordnenden. „Gefahren" des Extrovertierten sind etwa „Äußerlichkeit" und weitgehend unkritische Anpassung. Der Sorgfältige fragt sich, ob dieser auch einen inneren Standort habe. Trifft der einfühlsame, wohlmeinende Personalleiter auf einen robusten Bewerber (vgl. Typus Seite 50), muß er schon viel Lebenserfahrung haben, um diesen einigermaßen objektiv einzuschätzen. Einige weitere Beispiele:

Der sich ein- und unterordnende Bewerber wird beim Autoritären ein Plus haben; der unabhängige, souveräne Vorgesetzte kommt leicht in Gefahr, den positiv Angepaßten in seiner vermuteten Schwäche unter dessen Wert einzuordnen; der Selbstbewußte fühlt sich zum Lächeln gereizt, wenn ein Narziß sich so recht vor ihm entfaltet; viele finden den „Beamtentyp" schwierig, großherzige Menschen hingegen kommen gut mit ihm aus.

Mit dem Pflichtbewußten kommt das normale Verkäufertemperament meist ebenso schlecht zurecht wie mit dem Pedanten. Bei dem Feinfühligen und Ängstlichen werden aus der Distanz zur eigenen Persönlichkeit oft unüberbrückbare Schwierigkeiten aufgetürmt.

3. Wie ist der Typus?

Beobachten – Erkennen – Beurteilen, das sind die drei grundlegenden Schritte. Wer sorgfältig beobachtet, sich Zeit und Mühe gibt, Wesentliches zu erkennen, und sich im Urteil so lange zurückhält, bis er Gewißheit hat, ist sicher ein besserer Menschenkenner als derjenige, der meint, gleich auf den ersten Blick Gesprächspartner einschätzen zu können.

Was tun sorgfältige Beurteiler? Sie beobachten, sammeln Informationen über einen Menschen, über dessen aktuelles oder langfristiges Verhalten, seine aktuelle oder langfristige Umwelt. Sie beurteilen, d. h., sie verarbeiten die gesammelten Informationen, gewichten diese nach (dauerhaften) Eigenschaften oder situativen Bedingungen und nach dem Ausprägungsgrad. Vielleicht setzen sie diesen auch noch in Beziehung zu Vergleichswerten (z.B. einem Persönlichkeitsprofil). Sie stellen einen Soll-Ist-Vergleich an (Soll = Anforderungsprofil, Ist = Ergebnis der Beurteilung). Sie prognostizieren, ob und inwieweit sich eine Person im Anforderungsfeld „richtig" verhalten wird. Sie treffen entsprechende Personalentscheidungen!

Worauf ist dabei zu achten? Es geht um die Erfassung von überdauernden Merkmalen, wie Eigenschaften und Charakterzüge. – Davon zu unterscheiden sind die vorübergehenden Zustände und Prozesse der Person, wie Stimmungen, Launen, Gefühle, Affekte.

Die Wahrnehmung eines anderen geschieht nicht im „luftleeren Raum". Es ist stets eine soziale Wahrnehmung, das ist die Tatsache, daß Gegenstand der Personenwahrnehmung stets soziale Partner sind und daß demzufolge Beurteilungen immer in einem sozialen Zusammenhang stattfinden. (Wer Sie in keiner Weise „etwas angeht", den beurteilen Sie in der Regel auch nicht!)

Die intuitive Form der Informationsverarbeitung, die Bildung eines „ersten Eindrucks", läßt sich kaum ausschließen. Sie muß daher einer rationalen „Beweisführung" gegenübergestellt werden. Dazu eignet sich neben der Typusbeschreibung ein Persönlichkeitsfaktoren-Profil. Leider tragen unsere Mitmenschen kein Typenschild. Aber der Stil eines Menschen ist ablesbar an seinem Verhalten. Er gibt dem Verhalten das individuelle Gepräge, weist ihn als Typus aus.

In der ersten Beobachtungsphase konzentriert man sich auf herausragende Verhaltensmerkmale. Diese können in einer konkreten Situation Geltungsanspruch, Statusbewußtsein, ehrgeizige Strebsamkeit oder einfach Dominanz sein. Dieser Verhaltenskomplex ist noch zu diffus, um darauf reagieren zu können. Denn zunächst scheinen Menschen mit diesen Verhaltensmerkmalen ähnlich oder identisch zu sein:

- Menschen mit Geltungsanspruch

- Statusbewußte

- Streber und Ehrgeizlinge

- Dominante

Würde man dem ersteren Streicheleinheiten bezüglich seiner Statussymbole verabreichen, dem zweiten seinen besonderen Ehrgeiz bestätigen, dem dritten seine „herausragende Position" fühlen lassen und den vierten wie einen Geltungsbedürftigen behandeln, müßte man sich auf einige Irritationen bei allen Vier gefaßt machen. Sie würden sich von der falschen Seite angesprochen fühlen. Der Stil kann vielmehr identifiziert werden, wenn man die typusbedingten Merkmale heranzieht:

Wenn ...	dann ...
Geltung	anmaßendes Auftreten
Statusbewußtsein	Symbole, Utensilien, Rollenspiel
Ehrgeiz	konzentriertes Verhalten, Disziplin
Dominanz	Zeigen von Stärke, Verhalten des Übergeordneten

Meist hilft auch die Frage weiter: Was soll das Verhalten bewirken, das heißt, welche Motive steuern das Verhalten: Geltung erlangen und behalten, den Status als Teil der eigenen Persönlichkeit offerieren, Zielstrebigkeit, Selbstdisziplin und eindeutiges Wollen spüren lassen oder Überlegenheit demonstrieren? Ist der Eindruck deutlich genug, so kann die Einordnung der Verhaltensmerkmale in den vermuteten Typus beginnen. Stimmen auch die weiteren Äußerungen und Beobachtungen damit überein, so ist der Typus (zumindest vorläufig) gefunden. Viele Menschen verstellen sich aber, tragen eine Maske oder spielen eine Rolle. Fassade und Maske täuschen eine Persönlichkeit vor, die der Betreffende nicht hat, sich selbst aber zuschreibt. Warum er das tut, kann verschiedene Ursachen haben: Kompensation von Minderwertigkeitsgefühlen, mangelhaft ausgeprägte Selbstwertgefühle, einschneidende negative Erlebnisse, wenn einmal die „wahre Persönlichkeit" gezeigt wurde.

Arglistige maskiert sich so, daß er vertrauenerweckend wirkt, der Durchtriebene durch Biederkeit, der Ehrgeizige durch „gesunde Strebsamkeit".

Das Einstellungs- oder Vorstellungsinterview ist nach wie vor die entscheidende Stufe im Auswahlprozeß. So kritisch auch die Beurteilungsergebnisse zu bewerten sind, im Interview entscheidet der Personalleiter oder künftige Vorgesetzte über so wichtige Dinge wie Charakter, Motive und Werteinstellungen des Bewerbers.

Die Beurteiler erwarten im Interview Aufschluß über charakterliche Merkmale, das Sozialverhalten oder die Intelligenz. Ist der Bewerber aufgeschlossen? Wie tritt er unbekannten Menschen gegenüber? Wie reagiert er im Gespräch? Ist er sozial anpassungsfähig? Wie ist seine Arbeits- und Karrieremotivation? Stimmt die persönliche Ausstrahlung mit dem gewonnenen Eindruck überein?

Zudem hört man einiges über verschiedene Ereignisse im Lebensweg des Bewerbers, über Zeitpunkte, Orte, Personen, Institutionen usw.; man erfährt Gefühle und Meinungen, die dazu vom Bewerber geäußert werden. – Schließlich werden Aussagen über **Wahrnehmung** (macht einen tüchtigen Eindruck), **Motivation** (hat den notwendigen Biß), **Einstellungen** (arbeitsam, fleißig, leistungsorientiert), **Selbstkonzept** (sieht sich als Profi, ist wohl auch einer), **Interaktion** (kann mit anderen gut umgehen) und **Persönlichkeit** (Kontakt- und Erfolgsstreber) gemacht.

Ist das mehr als eine Meinung? Untersuchungen in Einzelfällen über den Entscheidungsprozeß im Interview zeigen, daß das Endurteil von Interviewern zu einem großen Teil abhängt von den Erwartungen, die bereits vor dem Interview gebildet wurden. Verzerrungen durch Vorinformationen tun ein übriges. Der „erste Eindruck" kann zudem verheerende Wirkungen haben, von spontaner Ablehnung bis zur spontanen Akzeptanz.

Hinzu kommen die Einflußfaktoren, die der Interviewer steuert: flexible oder starre Handhabung des Interviews, Interviewstil, wie direktiv oder non-direktiv, wohlwollend oder prüfend? Nicht zu vergessen ist auch die bestimmte Absicht oder Zufälligkeit der Interviewer-Motive. Das Ganze kreuzt sich meist mit den Einflußfaktoren, die vom Bewerber ausgehen, der nicht immer wahrheitsgetreue Antworten gibt, manches herunterspielt oder idealisiert, um sich in ein günstiges Licht zu setzen. Möglicherweise verfällt er ins Dramatisieren, um von eigener Schuld abzulenken. Auf jeden Fall ist der Auftritt ein Rollenspiel.

Viele Interviewer lenken ihre Aufmerksamkeit auf nonverbale Signale wie Blickkontakt, Gesten, Pausen, Körperbewegung. Auch sie können zu einer verzerrten Informationswahrnehmung und -interpretation führen.

Personwahrnehmung und -beurteilung

Beides – Wahrnehmung und Beurteilung einer Person – findet aus dem Blickwinkel der Interviewerpersönlichkeit statt. Die Urteilsbildung hängt von der subjektiven Informationsverarbeitung des Interviewers ab. Die Beurteilung eines Bewerbers verlangt, daß über die Beschreibung der Beobachungsstichprobe hinausgegangen wird und allgemeine Aussagen über Verhalten oder Persönlichkeit getroffen werden, z. B.: „Wie flexibel ist er?" Da aber das Vorstellungsgespräch grundsätzlich verzerrte Verhaltensstichproben liefert, ist Selbstkontrolle ein hohes Gebot. Es mag hilfreich sein, daran zu denken, daß kognitive Verarbeitungsprozesse das Wahrgenommene verändern. Aber gehen wir den Prozeß der selektiven Wahrnehmung einmal exemplarisch durch:

- **Erste Kategorisierung:** Bewerber, männlich, wirkt jung, ist groß, sieht gut aus, könnte in die Rolle passen.

- Es folgt das **Absuchen des Wahrnehmungsfeldes** nach weiteren Informationen: Wie bewegt er sich? Wie ist seine Haltung, die Sprache? Wirkt er berufstypisch? Hat er Besonderheiten? Wie verhält er sich im Gespräch? Wie klingen seine Antworten? Ist er klug, raffiniert, bieder? Verantwortungsbewußt, glaubwürdig? usw.

  In dieser Phase ist man offen für maximalen Informationsinput.

- Plötzlich ändert sich das Suchverhalten, eine **vorläufige Kategorisierung** ist gelungen: Er ist ein typischer erfolgreicher Berufsvertreter.

- Damit ist eine **Hypothese** gefunden, und man sucht nur noch nach solchen Informationen, die die vollzogene Kategorisierung bestätigen oder zu überprüfen helfen. Dieser vorläufigen Zuordnung zuwiderlaufende Informationen werden ignoriert.

So das Urteil. Und der Bewerber? Welche Einschätzung lastet auf ihm? Die tatsächlichen Qualifikationsmerkmale eines Bewerbers können in einem klaren Mißverhältnis zu den Beobachtungen stehen.

Wird beispielsweise von einem Bewerber für eine Verkaufsleiterstelle erwartet, daß er bei dem alles entscheidenden Vorstellungsgespräch auch schwierige Situationen beherrscht, und zeigt er sich nervös und macht eklatante Fehler, dann wird es für alle Beurteiler schwer, sich über diesen Eindruck hinwegzusetzen. Der Gedanke oder die

Gehört souveränes Verhalten des Bewerbers zur Persönlichkeitskategorie „emotionale Stabilität" oder zu den situativen Bedingungen? Ist es nicht normal, daß wir bei Bewerbern mit Nervosität, Angespanntheit usw. rechnen müssen? Vorbedachte oder eingeübte Reaktionsformen, übertriebene Vorsicht oder zweckhaftes Verhalten sind kein repräsentativer Ausschnitt aus dem gesamten Verhaltenspotential.

Manche Merkmale (z. B. „Verläßlichkeit") besitzen größeres Gewicht im Hinblick auf die Beurteilung als andere wie etwa „Kreativität". Werden andere Merkmale zusätzlich beurteilt, entscheidet das Urteil über die zentrale Eigenschaft in positiver wie in negativer Richtung über alle anderen.

Die meisten Beurteiler haben keine angemessenen kognitiven Schemata entwickelt, um bei bestimmten Attributionsaufgaben (z. B.: Was bedeutet die partielle Sorgfalt beim Typus des Robusten?) sicherzugehen.

Urteilt man über eine Gruppe von Menschen, müßte der Stichprobenumfang hinreichend groß sein (wie auch beim einzelnen), um Stereotype, ausgelöst durch Personenmerkmale, zu vermeiden: Nicht alle Rothaarigen sind temperamentvoll; der Abgänger einer „linken" Hochschule muß nicht gesellschaftskritisch eingestellt und gewerkschaftlich orientiert sein; ein Sympathisant der Grünen ist nicht immer auch technikfeindlich und umweltbewußt; Selbstbewußtsein eines Führungsaspiranten garantiert nicht den Führungserfolg; der wenig Intelligente kann gute Arbeit leisten, und der Intelligente kann dumme Praxisfehler machen.

Voreingenommenheiten, Stereotype und Vorurteile können nur durch ständige Selbstkontrolle in Schach gehalten werden. Die Eignungsdiagnose sollte kein Glücksspiel sein. Wird das Verhalten eines Bewerbers nicht richtig erklärt, wird auch sein zukünftiges Verhalten falsch prognostiziert, und die „Enttäuschung" ist programmiert. Manche Beurteiler handeln nach dem Kontrastprinzip, d. h. sie finden eher zu einer Entscheidung, wenn sie den einen ganz weiß und den anderen ganz schwarz malen. („Der zweite war aber gescheit! Dagegen ist der letzte ganz schön dumm.") Oder sie urteilen im Sinne des anderen Extrems: Der pedantische Vorgesetzte bewertet einen Bewerber als „recht leichtlebig".

Nun interessiert den Praktiker, der eine Entscheidung treffen muß, weniger die wissenschaftliche Exaktheit seines Tuns. Abwarten oder Nicht-Handeln mag unter Umständen teurer sein als Entscheiden auf verzerrter Datenbasis. Oft hilft man sich mit der „Wahrscheinlichkeit", aber eine zusammengesetzte Wahrscheinlichkeit kann nie größer sein als jede Einzelwahrscheinlichkeit für sich genommen. Er ist pflichtbewußt und ich-stark ... folglich leistungsorientiert ... folglich weniger menschenorientiert ... folglich ein „Einzelkämpfer" ... folglich ...?)

Typus und Maske

Es leuchtet ein, daß ein als Typus X eingestufter Mensch etwas dagegen tun wird, nicht sofort als dieser Typus erkannt zu werden, sofern dieser Typus durch Eigenschaften gekennzeichnet ist, die negativ empfunden werden. Der Pedant wird sich als pflichtbewußter Mensch tarnen, der Machthungrige als Charmeur, der Autoritäre als Vatertyp. Dieses Spiel ist bekannt und für den Menschenkenner leicht durchschaubar. Ja, man kann sagen, daß Tarnung und Verstellung das Erkennen erleichtern, weil eine einseitige Übersteigerung des Verhaltens vorliegt.

Nicht ganz so leicht ist das Durchschauen der Maske. In ihr fließen Wahres, d. h. Echtes, mit Teilen des Ich-Bewußtseins zusammen. Da diese Maske nicht wie im Karneval von Mal zu Mal aufgesetzt und variiert wird, sondern zur eigenen Persönlichkeit gehört wie die Fassade zum Bau, muß man sorgfältig in den Gesichtszügen lesen. Was hat sich dort im Laufe der Jahre oder Jahrzehnte eingeprägt? Was „sagen" die Augen, der Mund, die Hände, die Körperhaltung?

Zwar ist alles, was wir „Typus" nennen, ein scheinbar fiktives Schema – eine schematische Abstraktion, wie es auch die „Persönlichkeit" ist –, aber die typischen Reaktionsneigungen des einen oder anderen sind nicht zufällig. Aus einer Gruppe von typischen Handlungen, Strebungen und Lebenszielen, die ein Mensch zeigt, geht eindeutig die Erwartung hervor, daß er sich auch weiterhin so geben wird. Die Situation kann sich ändern, die Konstitution sich abschwächen, aber die Vorstellung, die der Betroffene von sich selbst, seinen Lebenszielen oder Leistungsmöglichkeiten hat, bleibt bestehen. Im Alter steht das Persönlichkeitsschema wie ein leeres, starres Gerüst. Der vitale Untergrund fehlt. Der Glaube, man sei immer noch der Alte, bleibt.

4. Allgemeine Typen-Übersicht

Viele Menschen haben offenbar den Wunsch, Menschenkenntnis zu besitzen. Jeder läßt sich von dem allgemeinen Ausdruck eines Menschen unmittelbar beeindrucken. Man macht Aussagen über Temperament, Selbstvertrauen und Minderwertigkeitsgefühl, Einfallsreichtum und Originalität, Intelligenz und Willensartung. Ob jemand aktiv, tatkräftig und initiativ, ausdauernd und konzentriert, eigenwillig oder gründlich, selbstbeherrscht oder aufbrausend ist, sind schnelle und oft zutreffende Feststellungen. Auch Bemerkungen, wie logisch und sachlich, konziliant und verbindlich, zuverlässig und vertrauenswürdig, „echt" oder maskiert, Niveau, Format der Persönlichkeit usw. sind wichtige Merkposten.

Das Verhalten und der Ausdruck eines Menschen sind Indizien für Teile seiner Persönlichkeit, das Temperament, den Charakter, die Dynamik usw. und führen schnell zum ersten Eindruck, und von ihm hängen oft lebens- und geschäftswichtige Entscheidungen ab. Man sitzt dem Bewerber gegenüber und versucht, über dessen Charakteristika eine zutreffende Aussage zu machen: Gutmütiger, Draufgänger, Ruhig-Sachlicher, Hitzkopf, Streber, Prahler, Angeber, Blender, Einzelgänger, Sonderling, Nörgler, Spießer, Lebemann, Duckmäuser, Arroganter, Könner und dergleichen. Das Temperament läßt den Betreffenden lebhaft, frisch und beweglich oder lahm, müde und träge erscheinen.

Besonders Vorgesetzte im Verkauf oder in Produktionsabteilungen registrieren schnell das Selbstbewußtsein und die Selbstsicherheit ihres Gegenübers, die Grundstimmung, ob beispielsweise gelöst, heiter und optimistisch oder ernst, mißmutig und pessimistisch. Ohne es bei der ersten Begegnung genau zu registrieren, fühlen sie schon, ob der Partner umgänglich oder verschlossen, kollegial und hilfsbereit oder egoistisch ist. Noch im Gespräch oder schon auf dem Weg zum Schreibtisch fällt auf, der Bewerber habe sich unecht verhalten, versteckt, undurchsichtig oder heuchlerisch; oder man konstatiert frohen Mutes: „Alles war offen und echt." Natürlich wird der Gedanke über das Intelligenzniveau nicht ausgespart: „Was er sagte, war hochintelligent", „nur mittelmäßig" oder „schwach".

Alles fließt in der Vorstellung zusammen, ob man es mit einer Persönlichkeit von Format zu tun hatte oder mit einem unsicheren, entscheidungsschwachen Menschen. Die Empfindungen oder das Nachdenken münden schließlich in die Vorstellung eines bestimmten Typus: Er ist ein Pedant, ein Geltungsbedürftiger, ein Autoritärer usw.

Jedermann bekannte Typen sind auch die Gutmütigen, Pflichtmenschen, Beschützernaturen, Machtmenschen, Individualisten, Außenseiter, Pragmatiker, Nörgler (und sonstige neurotische Naturen) oder die emanzipierte Geschäftsfrau. Eine grobe Einteilung in drei Gruppen läßt sich an der Bereitschaft und Fähigkeit zur Anpassung machen:

1.   angepaßt, einfügsam, unkompliziert
2.   eigenständig und gestaltend
3.   kompliziert, individualistisch, ichbezogen

Wenn Sie die drei Spalten der „Typen in der Übersicht" durchgehen und sich unterm Strich zu dem dort gedruckten Text bekennen können, wissen Sie, wie Sie den Rahmen weiter einengen können, um sich selbst wiederzufinden. Gesetzt den Fall, Sie zählen zu den eigenständigen bzw. gestaltenden Menschen, dann muß auch zutreffen, daß Sie in der Regel selbständig (und weitgehend unabhängig), leistungsbereit und aktiv gestaltend im Leben stehen und oft genug den vorgegebenen Rahmen sprengen, ohne dabei viel Skrupel zu empfinden.

Ähnlich verfahren Sie bei Ihrem Mitarbeiter oder Kunden: In welche der drei Gruppen gehört er? Ist er seiner Organisation angepaßt, eigenständig gestaltend oder auf eine bestimmte Art kompliziert? Zunächst hilft also die Einordnung in eine der drei Gruppen. Es wäre aber falsch, nach dieser generellen Einteilung gegenüber diesem oder jenem Typ so zu tun, als wäre er ein Angepaßter, ein selbständig gestaltender Mensch oder jemand, der ständig kompensieren muß. So einfach sollten Sie es sich nicht machen. Nicht jeder Pedant ist ein Beamter, und nicht jeder Beamter ist ein Pedant. Der Kreative möchte nicht mit dem Machtmenschen über den gleichen Kamm geschoren werden. Und der Autoritäre möchte nicht mit dem Radikalen verwechselt werden. Erst die ausführlichen Beschreibungen geben jedem Typus seine eigene Gestalt, seinem Handeln einen unverwechselbaren Sinn. Am reinen Typus läßt sich trefflich arbeiten.

Bedenken wir, daß nicht jeder Pedant ein reiner Pedant ist. Er kann zusätzliche Wesenszüge des Pflichtbewußten oder des heimlichen Herrschers kraft seines Amtes und der zu vertretenden Normen haben. Geltungsbedürftige kommen häufig als Mischformen vor, wenn auch der reine Typus sehr verbreitet ist. Über Autoritäre wird viel gescholten, sie werden aber auch beneidet und manchmal bewundert – je nachdem, welches Beiwerk sie ihrem Typus mitgeben, das Väterliche oder das Strenge, das Fürsorgliche mit der unbedingten Gehorsamserwartung oder das Selbstbewußtsein des Könners, der sich zunächst durch seine Position auszeichnet.

Daß jemand neben den hervortretenden Typusmerkmalen auch Wesenszüge eines anderen – verwandten – Typus hat, sollte Sie nicht verunsichern. Typus und Typenmerkmale sind wichtige Bausteine. Sie kann man als solche feststellen und darauf die individuelle Behandlung aufbauen. Zeigt das „Beiwerk" Anleihen eines verwandten Typus, so sollten auch diese beachtet werden, wenn sie sich als echt und nicht als Fassade oder Maske erweisen. Die Bezeichnungen der Typen sind nicht wertend, sondern beschreibend gemeint. Wenn überall der männliche Artikel verwendet wird, so entspricht das dem heutigen Sprachgebrauch. **Persönlichkeitstypen sind nicht geschlechtsspezifisch**, auch wenn sie sich in Nuancen manchmal anders zeigen.

Die Typen im Überblick

Angepaßte, einfügsame, unkomplizierte Menschen	Eigenständige bzw. gestaltende Menschen	Komplizierte, individualistische bzw. ichbezogene Menschen
Kontaktmensch	Selbstbewußter	Außenseiter
Gefühlsmensch	Kreativer	Ängstlicher
Gutmütiger	Ingenieur	Sensibler
Beschützer	Introvertierter	Individualist
Unbekümmerter	Pragmatiker	Problematischer
Robuster	Unabhängiger	Geltungsbedürftiger
Extrovertierter	Kontaktstreber	Statusbewußter
Verläßlicher	Dominanter	Darstellungsbedürftiger
Angepaßter	Machtmensch	Narziß
überangepaßt:	Emanzipierte Frau	Star
Pflichtbewußter	Manager	Autoritärer
Pedant		Radikaler
Beamter		Cäsar
Aufsteiger		Nörgler
zu wenig angepaßt:		Hysteriker
Gleichgültiger		Neurotiker
Labiler		

Diese Typen passen sich dem Rahmen, in den sie gestellt sind, selbstgenügsam oder handlungsbereit an.

Diese Typen sind selbständige, leistungsbereite und aktiv gestaltende Menschen, die oft den Rahmen sprengen.

Diesen Typen gelingt die selbständige Gestaltung ihrer Umwelt nicht. Wollen und Können fallen auseinander. Dennoch wollen sie sich stark

Wie bringt man Anforderungs- und Persönlichkeitsprofil auf einen Nenner?

Keine Personalentscheidung wird leichten Herzens gefällt. Die Feststellung der Eignung von Bewerbern ist im allgemeinen das Endresultat eines sich über mehrere Stufen erstreckenden Auswahlprozesses. Eignung ist ein rationaler Begriff, keineswegs nur eine Eigenschaft der Person. Ausgewählt wird, wer einen hohen Grad der Entsprechung mit den Anforderungsmerkmalen des Arbeitsplatzes bietet. Zwischen zwei Merkmalsträgern – der Person und dem Arbeitsplatz – wird um höchstmögliche Übereinstimmung gerungen.

Eignung besagt, daß die personellen Leistungsvoraussetzungen mit dem Anforderungskomplex der Arbeitstätigkeit übereinstimmen. Eignungsdiagnostik umfaßt neben der Zuordnung von Personen zu bestimmten Bedingungen des Arbeitsfeldes die Prognose, daß es zwischen den Anforderungen des Arbeitsplatzes und dem Persönlichkeitsbild des Arbeitsplatzinhabers keine Divergenzen geben wird.

Das gilt nicht immer für den Bewerber. Im Hinblick auf das Berufs- und Arbeitsleben des einzelnen ist ein Wechsel ein gravierendes Ereignis. Stellenwechsel ist zumeist mit Neuorientierung und Neudefinition der persönlichen Lebenssituation verbunden. Mit dem Arbeitsplatz verknüpfte Rollenbilder und Normen, das ganze Umfeld, der Führungsstil, das Betriebsklima, der Gruppendruck usw. können den Besten und Willigsten verzagen lassen. Aus der Sicht des „Neuen" stellt sich diese „von außen" auf den Arbeitenden wirkende Situation als „Anforderungen" der Tätigkeit dar. Eine Person wird bestehenden Bedingungen zugeordnet.

Es ist richtig: Person und Bedingungen des Arbeitsplatzes sollen passen. Der „richtige Mann für den richtigen Platz" soll gefunden werden. Dabei wird die psychische Beschaffenheit der Individuen, die für Arbeitsplätze ausgewählt (oder abgelehnt!) werden, als stabil angesehen. Einmal ausgewählt und angepaßt, reicht für lange Zeit. – Dies mag oberflächlich erscheinen, aber die Persönlichkeitsforschung, die das theoretische Fundament vieler Auswahlinstrumente liefert, geht tatsächlich davon aus, daß die intraindividuellen Unterschiede im Erleben und Verhalten auf eine begrenzte Zahl von Eigenschaften zurückgehen. Diese aber zeigen sich über verschiedene Zeitpunkte und Situationen hinweg unverändert. So sind auch die Persönlichkeitsbeschreibungen zu verstehen: Der Typus „paßt" zum entsprechenden Anforderungsprofil.

Unter qualitativen Gesichtspunkten läßt sich das **Arbeitsleistungsangebot** eines Bewerbers nach Fähigkeiten, Motivationen und Einstellungen differenzieren. Geht man die Anforderungsprofile der betriebsüblichen Arbeitsplätze durch, so eignen sich die angepaßten Persönlichkeitstypen für alle „normalen" Stellen. Besondere Achtsamkeit ist lediglich auf die Typen des Unbekümmerten und Robusten zu verwenden, ob und inwieweit der Arbeitsplatz bzw. die Gruppe ihr Verhalten akzeptiert. Die Persönlichkeiten nach der Struktur des Pflichtbewußten, Pedanten und Beamten werden in der Regel kein Problem sein, weil man sie – wegen ihrer eindeutigen Persönlichkeit – ohnehin auf die richtigen Plätze setzen wird.

Es bleiben aus dieser Gruppe die zuwenig Angepaßten, nämlich der Gleichgültige und der Labile übrig. Sie sind Repräsentanten eines zu allen Zeiten gültigen Ausschnittes aus der quantitativen Zusammensetzung eines Volkes, einer Betriebsbelegschaft oder Mannschaft. Sie gab es immer, und sie wird es immer geben. Sie werden mitgetragen von den anderen. Integriert man sie in die jeweilige Gruppe, können sie Gutes leisten.

Anders ist es mit dem Einsatz eigenständiger und gestaltender Menschen (mittlere Spalte). Jedes Unternehmen braucht sie. Aus der Übersicht geht hervor, daß es sich um selbstbewußte, leistungsbereite und durchaus ichhafte Menschen handelt, die einen entsprechenden Aktionsrahmen benötigen. In Führungs- oder anspruchsvollen Fachpositionen fühlen sie sich wohl und leisten Besonderes. – Schwierig ist es allerdings, für diese stark akzentuierten Persönlichkeiten das passende Umfeld zu finden.

Die komplizierten Individualisten finden ihre Befürworter bei Aufgaben und in sozialen Positionen besonderer Art, so z. B. der Sensible in der Werbung, der Geltungsbedürftige in einer Verkaufsmannschaft oder der Narziß als Künstler. Cäsaren und Radikale fechten ihre Kämpfe in Vorstandsetagen, auf Verbandsebene oder im Busch aus; wir kennen sie als Vorstandsvorsitzende, Konzernchefs, Krisenmanager und Politiker. Starke Motive kennzeichnen ihr Tun!

Motive und Verhalten

Menschliches Verhalten und Handeln versteht sich aus Motiven, die das Individuum mehr oder weniger auf Dauer – d. h. als persönliche „Eigenschaften" – hat. Bei jedem der 42 beschriebenen Typen ist es ein besonderes Bündel, das für die Auswahl entscheidend sein sollte. Sind Motive aktiviert, drängen sie zum Handeln, und das Verhalten läßt einen direkten Rückschluß zu, welche der Antriebskräfte wirksam sind.

Persönlichkeitstypus und Motivpotential bilden eine Einheit.[1] Bei der Erfassung der Gesamtpersönlichkeit ergeben sich zwangsläufig die den Typus bestimmenden Motive. Die stichwortartigen Kurzfassungen zu jedem Typus auf der rechten Seite

---

[1] Motive sind nicht nur Ursache des Verhaltens; sie sind in der Persönlichkeitsstruktur fest verankert, bestimmen das individuelle Sein stärker als die Kognition.

(ab Seite 41) lassen die für den Typus maßgeblichen Motive erkennen. Unter der Überschrift „Worauf es ihm ankommt" ist das Wichtigste gesagt.

Motive sind mit dem Selbstkonzept verknüpft und sind verantwortlich für die Antriebsseite, bewirken Zielorientierung, Engagement und – je nach Ausgang der Bemühung – Zufriedenheit oder Frustration. Insoweit sind Art und Stärke der Motive – ich nenne das Motivkonstellation – gleichermaßen entscheidend für den Arbeitserfolg und die persönliche Zufriedenheit.

Aufschlußreiche Motive (Bedürfnisse)

Folgende Bedürfnisse lassen sich bei allen Persönlichkeitstypen feststellen. Für die Auswahl entscheidend ist die individuelle Ausprägung.

a) Leistungsstreben
   Streben nach Vollendung einer Sache
   Ehrgeiz
   Streben nach Vollkommenheit
   Streben nach Geltung
   Streben nach Selbstverwirklichung

b) Drang nach Selbständigkeit
   (Autonomiestreben)
   Unabhängigkeitsstreben
   Freiheitsdrang

c) Dominanzstreben
   Herrschsucht
   Machtstreben

d) Hang zur Unterwürfigkeit
   Unterwerfungstendenz
   Tadel und Kritik suchen (um
   wieder „frei" zu sein)

e) Angriffslust
   Aggressivität (einschließlich
   Zerstörungstendenz)
   Rachsucht

f) Kritikabwehrbereitschaft
   Bedürfnis zur Selbst-
   verteidigung
   Bedürfnis, Tadel zu
   vermeiden

g) Streben nach Zugehörigkeit
Anschluß- und Geselligkeits-
bedürfnis
Partnerschaftssuche
Kontaktbedürfnis
Bedürfnis nach Liebe
und Zuneigung

h) Erkenntnisstreben
(auch Forschungstrieb)
Verständniswillen

i) Spieltrieb
Bedürfnis, sich lustvoll zu entspannen
Bedürfnis zu lachen, Witze zu
machen

j) Hang zur Sinnlichkeit
Bedürfnis nach Anreizen
Sinnesfreudigkeit

k) Suche bzw. Bedürfnis nach Hilfe,
Schutz und Unterstützung
Bedürfnis, gepflegt, umgeben, beschützt
und geliebt zu werden

l) Ich-Sicherungstendenz
(Demütigung und Nieder-
lagen vermeiden)

m) Sicherheitsstreben
(Vorsicht, Furchtsamkeit)
Tendenz, Schaden zu verhüten

n) Selbstbehauptungswillen
Bedürfnis, entgegenzuwirken,
Widerstand zu leisten
Hang zu Gegenmaßnahmen

o) Etwas Besonderes, ein Star sein
wollen (Neigung, sich selbst
zur Schau zu stellen)
Eindruck machen wollen

p) Distanzierungsstreben
Bedürfnis, andere – oder eine
Sache – von sich bzw. zurück-
zuweisen, eine unterlegene
Person auszuschließen

q) Bedürfnis, einen überlegenen
Menschen zu bewundern
Bedürfnis nach Ehrerbietung
(Menschen oder Sachen – z.B.
dem Trend, der Mode usw. – gegenüber)
Tendenz zur Nachgiebigkeit
aus Ehrerbietung

r) Fürsorgebedürfnis
Hang zum Hegen und Pflegen
Bedürfnis nach Mitgefühl
und Hilfsbereitschaft
Bedürfnis, Schwachen oder
Kranken beizustehen

s) Streben nach Anerkennung
Bedürfnis, als Person
akzeptiert bzw. anerkannt
zu werden

t) Streben nach Gestaltung
Bedürfnis, etwas aufzubauen
Schaffenwollen
(auch: Gestaltungsdrang)

u) Streben nach Ordnung
Bedürfnis, seine Angelegen-
heiten in Ordnung zu halten
Streben nach Genauigkeit

Diese Bedürfnisse sind allgemeingültig und bei jedem vorhanden. Sie kennzeichnen jedoch den einzelnen Menschen insoweit, als sie besonders stark oder besonders schwach ausgeprägt sind. Was ist ihm wichtig, was nicht? (Was gibt er zu, oder wo verbergen sich andere, nämlich die wahren Bedürfnisse?) Darüber werden in Inter-aktionen offizieller und privater Natur viele, oft lange Gespräche geführt und Argu-mentationsketten aufgebaut, als sei der eigene Standort der einzig richtige – eine wahre Exhibition des einzelnen, dessen er sich meist nicht bewußt ist. Für den „Motivforscher" ein reiches Feld der Erkenntnis!

5. Angepaßte, einfügsame, unkomplizierte Typen

Zu dieser Gruppe gehören einerseits die angepaßten Typen wie der Kontaktmensch oder der Verläßliche, die überangepaßten wie der Pflichtbewußte und der Beamte, aber auch die weniger angepaßten, unkomplizierten Typen wie der Unbekümmerte oder der Labile. Gemeinsam ist ihnen allen, daß sie weder nach größerer Unabhängigkeit streben noch besonders kompliziert sind, so daß Sie sie in der Rolle, die sie sich gewählt haben, akzeptieren sollten.

In der nachfolgenden Darstellung der insgesamt 42 Persönlichkeitstypen werden jeweils die wesentlichen Merkmale zusammengefaßt. Eigenschaften, Haltung und Wollen treten ebenso hervor wie ihre Beziehungen zu anderen Individuen, ihre Integrationsfähigkeit. Es folgt die stichwortartige Kurzfassung, das Gesprächsverhalten und der Hinweis „Worauf es ihm ankommt" mit Tips für die individuelle Motivation, auf der man aufbauen kann. „Wie er behandelt werden will" gilt sowohl für die persönliche Begegnung (Vorstellungsgespräch, Führung) als auch für das den Typus begünstigende soziale Umfeld.

(1) Der Kontaktmensch

Er ist von Haus aus kontaktfähig. **Ihm ist die Möglichkeit mitgegeben, leicht und schnell zu seinen Mitmenschen positive soziale Beziehungen aufzunehmen.** Gesellig und gutmütig, wie er ist, oft mit herzlichem Humor ausgestattet, bereitet es ihm Freude, mit anderen Menschen in freundschaftlicher Weise zusammen zu sein und an gemeinsamen Aktivitäten teilzuhaben. Sein heiteres, warmherziges Wesen öffnet die Menschen.

Gefühl und Gemüt sind breit angelegt. Sie spielen in der Kommunikation eine größere Rolle als die Ratio, obwohl Kontaktmenschen als tatkräftige Praktiker mit gesundem Menschenverstand Tüchtiges leisten können.

Der Kontaktmensch geht in der Umwelt und in der Gegenwart auf und wird meist dort eingesetzt, wo er mit menschlicher Nähe Zutrauen wecken kann. Seine Großzügigkeit und Sorglosigkeit entspannen die Atmosphäre. Harte Durchsetzung ist nicht seine Art. – **Er erwartet auch von seinem Gesprächspartner unkomplizierte Kontaktaufnahme und Offenheit statt Reserviertheit.**

Kurzfassung

- Kontaktfähig, gesellig und gutmütig.
- Heiteres Wesen, Freundlichkeit.
- Unkompliziert und großzügig in Formulierung und Verhalten.
- Liebt entspannende Atmosphäre.

Sein Gesprächsverhalten

- Spricht wie zu Bekannten, offen, unverstellt.
- Sucht direkten Kontakt und menschliche Nähe.
- Der Gefühlshintergrund schimmert stets durch.

Worauf es ihm ankommt

- Seine Aufgabe muß etwas mit Menschen zu tun haben.
- Er möchte mit allen gut auskommen und in freundschaftlicher Weise zusammenarbeiten.
- Er erwartet Offenheit und Ehrlichkeit.
- Er mag Reserviertheit ebenso wenig wie Formelhaftigkeit und abstrakte Darstellungen.
- Seine Motive: Streben nach Zugehörigkeit und Sicherheit.

Wie er behandelt werden will

- Offene, entspannte Begegnung, herzliche Kontaktaufnahme, freundschaftlicher Ton, ehrliche Information.
- Hört zu, will nicht unbedingt recht haben, mag harte Durchsetzung nicht.

(2) Der Gefühlsmensch

Der Gefühlsmensch **läßt sich** in seiner Lebensführung so gut wie ausschließlich **von seinen Gefühlen leiten**. Schon die Lebensgrundstimmung ist stark gefühlsbetont. Empfindungen, **Wahrnehmung, Vorstellung und Denken** sind bei ihm **von Gefühl durchdrungen**. Das Innewerden der gegenständlichen Welt erfolgt in einem subjektiven Bewegtsein: Lust und Unlust, Erregung und Beruhigung, Angst und Zuneigung, Spannung und Lösung. Es sind weniger Gefühlsregungen von rascher Folge als vielmehr oft lang anhaltende, gleichförmige Gefühlszustände. **Davon ist auch sein Denken beeinflußt.**

Ob Gefühlsmenschen die Welt mehr als Werthorizont erleben und suchen und von dort Richtungsimpulse für ihre Lebensführung empfangen oder mehr passiv den Sensationsgehalt der Gefühlsergriffenheit genießen, ist eine Frage ihres Persönlichkeitsformats. **Im allgemeinen** erweisen sie sich als **zugänglich und kontaktfreudig**.

In der Sache bleibt der Gefühlsmensch korrekt, selbstkritisch und gewitzt, wenn er geistiges Format hat, oder er ist spontan, natürlich, vielleicht etwas naiv, wenn Geistesbildung eine geringere Rolle gespielt hat.

Gefühlsmenschen sind selten starke Menschen. Dies muß man bei ihnen berücksichtigen. Aber **sie sind „gefühlsgewiß" und lassen sich nicht täuschen**. Gefühlsgewißheit ist eine besondere Stärke. Besonders bei Frauen des Typs Gefühlsmensch ist das Gefühl eine Instanz, die sich aus sich selbst rechtfertigt und keiner besonderen verstandesmäßigen Begründung bedarf. Wahr oder richtig ist, was man fühlt.

Kurzfassung

- Überwiegend gefühlsgeleitet, weniger vom Verstand gelenkt.
- Gefühle wie Lust und Unlust können wechseln.
- Gefühle sind stärker als Einsichten.
- Im allgemeinen zugänglich und kontaktbereit.

Sein Gesprächsverhalten

- Je nach Situation mehr oder weniger gefühlsbetont.
- Das Gefühl lenkt auch das Denken.
- Bei neuen Ideen, unerwarteten Sachverhalten oder Aufgabenstellungen zunächst Zögern, dann Einpendeln auf das gute oder schlechte Gefühl, das für ihn damit verbunden ist.

Worauf es ihm ankommt

- Er möchte ein gutes Gefühl haben, angenehme Eindrücke gewinnen, den seelischen Haushalt im Gleichgewicht halten.
- Gesucht werden Sicherheit und Einklang mit dem sozialen Umfeld, auch Anerkennung, Bestätigung und Bestärkung.
- Anschluß- und Geselligkeitsbedürfnis.

Wie er behandelt werden will

- Einfühlsam.
- Keine Verstandesakrobatik.
- Sachargumente gefühlsmäßig miterleben lassen.
- An seine Position und das soziale Umfeld denken, wo sich Ihr Vorschlag auswirken wird, denn er sucht Harmonie und wird Konflikten aus dem Weg gehen.

(3) Der Gutmütige

Wir finden den freundlichen, hilfsbereiten, anspruchslosen Menschen überall. Unabhängig vom Beruf und der Position, bleibt er, wie er ist: **gutmütig, nachgiebig, leicht lenkbar**. Die Neigung zur Anspruchslosigkeit ist für ihn gleichzeitig Überlebenssicherung.

Haltung und Gestik sind weich, auf Empfänglichkeit eingestellt, Harmonie anstrebend. **Er meidet Streit.** Bei Meinungsverschiedenheiten tritt er nie nachhaltig für die eigene Einsicht ein. Er läßt sich vielmehr beeinflussen und folgt der Meinung Stärkerer. Passive Einfügung in den Rahmen und Zufriedenheit mit dem, was dieser Rahmen bietet, sind für ihn typisch.

Es fällt ihm schwer, einen eigenen, unabhängigen Standort zu finden und diesen zu behaupten. Selbständigkeit ist für ihn keine erstrebenswerte Situation. Er gibt sich mit selbstgenügsamer Bescheidung mit einer Rolle zufrieden, die er nicht selbst gestaltet, sondern von seiner Umgebung übernimmt. So kommt es, daß er sich auch manches gefallen lassen muß.

Seine Vitalität ist selten groß. Es kommt nur ausnahmsweise vor, daß er alle seine Energiereserven einsetzt. Der Vorgesetzte hat keine Schwierigkeiten mit ihm, der Verkäufer auch nicht. Er tut das Notwendige, ist dankbar, im eigenen Arbeitsfeld mit menschlicher Harmonie arbeiten zu können. **Bei Kritik und Tadel empfindet er Schuldbewußtsein** und gerät leicht in Gewissensbisse. **Man muß ihn abstützen**, den Maßstab richtig stellen, Einsicht wecken und ihn zur Stellungnahme anregen.

Kurzfassung

- Freundlich, anspruchslos, nachgiebig und dankbar.
- Seine Gutmütigkeit ist für ihn gleichzeitig das Überlebenskonzept.
- Vitalität und Dynamik sind schwach.
- Ein- und Unterordnung geben ihm Sicherheit und Halt.

Sein Gesprächsverhalten

- Zurückhaltend, freundlich, bittend.
- Vorsicht bei Meinungsverschiedenheiten, nur zögerliche Andeutungen.
- Will geholfen haben, lenkt ein, paßt sich an.

Worauf es ihm ankommt

- Schonung seines schwachen Selbstwertgefühls.
- Er sucht Sicherheit, braucht Beständigkeit, möchte keinen Streit.
- Alles soll im Guten geregelt werden.
- Bedürfnis nach Zuneigung und Schutz.

Wie er behandelt werden will

- Entgegenkommend, einfühlsame Anerkennung seiner Person ist wichtig. Bringen Sie Verständnis für seine Lage auf!
- Hilfe bei seinen Entscheidungen ist wichtig, damit er sichergehen kann.
- Keine Kritik, kein Tadel, nur Bestätigung.

(4) Der Beschützer

Die Bereitschaft, mit anderen zusammen zu leben, alles mitzuerleben, **das Bedürfnis, mit diesen Menschen gut auszukommen, ist sein Grundcharakter**. Es ist ihm aber ein noch stärkeres **Bedürfnis, für andere da zu sein** und Schwächeren zu helfen. Es ist echte Uneigennützigkeit – ein immer seltener werdendes Persönlichkeitsmerkmal. Gebrauchtwerden, Hingabe, helfen wollen, sind die tragenden Motive.

Die Ausfüllung des in der Gemeinschaft oft freien Platzes des Beschützers ist für ihn ein lohnender Lebensinhalt. Für andere zu sorgen ist ihm Genugtuung; es entspricht seinem Wertgefühl. Die Ausrichtung auf das Du führt zu persönlichen Bindungen. Als Mitmensch **erfüllt** er sozusagen **die Rolle des Ersatzvaters** überall dort, wo nötig oder möglich, fast als wäre es seine Pflicht. Verzicht und Opferbereitschaft fallen ihm nicht schwer. Geht es einem Menschen schlecht, nimmt er sich dessen an, opfert Zeit und Kraft, wirkt selbst deprimiert. Dabei kann er Qualen der Ungewißheit und Verzweiflung erleiden. Und dennoch ist ihm der Einsatz für andere eine besondere Sinngebung des Lebens.

Man sollte ihn nicht ausnutzen, denn er ist ein guter Menschenkenner und kann echte Not von einer nur gespielten unterscheiden. Wenn er auch sein Selbstwertgefühl weniger intensiv erlebt, sollte man darauf achten, es nicht zu verletzen. Für das Gespräch mit ihm ist wichtig zu wissen, daß er abstrakten Problemen weitgehend abgeneigt ist und Entscheidungen daraufhin taxiert, wie sie sich im mitmenschlichen Rahmen auswirken werden. Er ist **auf die lebendige Wirklichkeit eingestellt**.

Kurzfassung

- Er ist keine starke, sondern eher eine weiche Persönlichkeit, die anderen helfen und diese schützen will.

Sein Gesprächsverhalten

- Ruhig, versöhnlich.
- Prüft sachliche Anforderungen stets mit Blick auf die Auswirkungen im menschlichen Bereich.
- Bei Meinungsverschiedenheiten sucht er einen Kompromiß.

Worauf es ihm ankommt

- Er will Menschen verstehen, es ihnen recht machen, mit allen gut auskommen und vor allem für andere da sein.
- Bedürfnis, seinen Mitmenschen Fürsorge, Mitgefühl und Hilfsbereitschaft entgegenzubringen.

Wie er behandelt werden will

- Mit Freundlichkeit und Wohlwollen.
- Lassen Sie ihn den „sorgenden Vater", die „sorgende Mutter" sein, wenn diese Rolle der Gemeinschaft guttut.
- Er schätzt das private Wort.
- Statt Fach-Chinesisch erwartet er konkrete Darstellungen.
- Verständnis für seine Lage und Bestätigung seines Wollens tun ihm gut.

(5) Der Unbekümmerte

Er tritt **natürlich** und **ungezwungen**, ja **lässig** auf und **geht mit unbesorgter Selbstsicherheit durchs Leben**. Rückschläge erschüttern sein Selbstvertrauen nicht. Sorgsamere Naturen halten ihn für leichtfertig.

Sein Bestand an Energie ist hoch. Unbekümmert und unbewegt läßt er sich keine grauen Haare wachsen. **Seine Meinung vertritt er impulsiv.** Er ist also offen und direkt. Obgleich er Menschen grob fahrlässig verletzen kann – das Feingefühl für die Nuancen des Verhaltens fehlt vollkommen –, erfolgt seine Einfügung in den gegebenen Rahmen eigentlich zwanglos.

Er übernimmt ohne Widerstand die ihm übertragene Arbeit. Was zu tun ist, das tut er. Allerdings denkt er dabei nicht viel. **Klare weitsichtige und dauerhafte Ziele fehlen** ihm. Er plant nur ungern. Grundlage seines Charakters und Verhaltens sind sein gehobenes Lebensgefühl und das elementare Selbstvertrauen. An Selbstachtung mangelt es ihm ebensowenig; eher **neigt** er **zur Selbstüberschätzung.** Er will so sein, wie er ist, das heißt, er will sich selbst verwirklichen. Dazu ist er durchaus bereit, sein Leistungsvermögen einzusetzen.

Kommt man ihm grob, oder will man ihn als „fünftes Rad" abhängen, wehrt er sich ungestüm. **Unterkriegen läßt er sich nicht.** Bedrängt man ihn, so tritt sein Selbsterhaltungstrieb robust hervor. Wenn er vor etwas Angst hat, dann vor der Einengung seines Freiheitsraumes und des ungezwungenen persönlichen Arbeitsstils.

Sobald man sich an seine „rauhe Schale" gewöhnt hat, ist der Umgang mit ihm unkompliziert. Seine Führung ist nicht schwer: klare Voraussetzungen schaffen, die unerläßlichen Anforderungen der Stelle festlegen und den Funktionsbereich abgrenzen. Er **verträgt ein klares Wort.** Ihm sollte man reinen Wein einschenken.

Kurzfassung

- Ein natürlicher, ungezwungener, selbstsicherer Mensch mit hoher Belastbarkeit; unbekümmert, optimistisch, direkt, auch ungenau und leichtfertig.
- Sein Wollen hat Nachdruck.

Sein Gesprächsverhalten

- Meist laut, offen und direkt.
- Vertritt seine Meinung immer impulsiv, hat wenig Feingefühl; kann grob fahrlässig verletzen.
- Hält nichts von „Vorschriften"; will, daß gehandelt wird.

Worauf es ihm ankommt

- Die einfache, direkte Lösung.
- Das praktische Vorgehen.
- Bedürfnisse nach Leistung, Selbständigkeit und Dominanz.
- Angriffslust.

Wie er behandelt werden will

- Offen und direkt mit praktischer Anleitung.
- Da er sich bei vielen Dingen nichts Besonderes denkt, kommt es darauf an, klare Verhältnisse zu schaffen.
- Wenn Sie ihm zeigen, wie er ein Problem zu lösen hat, übernimmt er ohne Widerstand die Auskunft oder den Rat.
- Die notwendige Kritik darf offen sein.

(6) Der Robuste

Wir kennen ihn, den meist kräftigen, unermüdlich dynamischen Menschen, der aus der vollen Kraft seiner Vitalität schöpft. Die Gestik ist ausladend und ausgreifend – er braucht Platz um sich –, immer unmittelbar auf das nächstliegende Ziel gerichtet. **Seinen Gedanken läßt er freien Lauf.** Die impulsive und affektgeladene Sprechweise ist wenig kontrolliert.

Immer wieder deutet sich seine robuste Unberechenbarkeit an. Die **unbesorgte Selbstsicherheit** dieses Vital-Robusten ist nicht gespielt; sie hat biologische Wurzeln. Bei der Verteilung der Gaben hat er auf die Frage: „Wie stark willst Du sein?" kräftig seinen Bedarf angekündigt. **Vitalität als Lebenskraft ist sein Hauptmerkmal** geworden. Dabei ragt das Maß der körperlich-seelischen Spannkraft weit über die durchschnittliche Ausstattung des Normalmenschen hinaus.

So kommt es auch, daß sein Auftreten, sein überdurchschnittlicher Energiebestand, sein gehobenes Lebensgefühl und die große Triebspannung in seiner Umgebung das Gefühl der Unterlegenheit erzeugen können. Oft kommt Neid auf: So leichtlebig, aufgelockert, heiter, gemütvoll, im Grunde seines Wesens zufrieden – und dann auch noch verträglich –, wer kann schon so leben?

Einmal erkannt, wie er ist, lassen sich Schwächen feststellen, die der Partner eventuell ausgleichen kann. Einen wirklich gestaltenden Einfluß auf andere hat er nämlich selten. Stärker von ihrem Leben geprägte, sorgfältigere und gewissenhaftere Menschen eignen sich hier zur Paarbildung. Diese Menschen hat er nicht ungern um sich. **Er läßt sich** von ihnen **helfen, seine Schritte lenken, sein eigenes Handeln planen.** Als Führungsperson kennt er seine Probleme, die in der geringen Selbstkontrolle bei der stets impulsiv wirksam werdenden selbstsicheren Aktivität gegeben sind. **Er läßt eine unmittelbare Kontaktaufnahme zu**, seine unkomplizierte Kontaktbereitschaft fordert geradezu dazu auf.

Er schätzt in der Informations- und Entscheidungsphase beim Partner Gründlichkeit und Genauigkeit. Rat und gelegentliche Belehrung werden von ihm ohne Empfindlichkeit angenommen.

Kurzfassung

- Gesunde Lebenskraft. Stark und vital, impulsiv.
- Manchmal unberechenbar und leichtfertig.
- Hohe Selbstsicherheit.

Sein Gesprächsverhalten

- Impulsiv, affektgeladen; wenig kontrollierte Sprechweise.
- Seinen Gedanken läßt er freien Lauf.
- Alles kommt laut und etwas polternd heraus.
- Seine Meinung betrachtet er als Tatsache.

Worauf es ihm ankommt

- Sein Anliegen mit Nachdruck vorbringen.
- Drang nach Freiheit und Selbstbehauptung.
- Unabhängigkeit und Ich-Sicherungstendenz (das Bestreben, Demütigung und Niederlagen zu vermeiden).
- Macht gern Druck.

Wie er behandelt werden will

- Sie können ihn nehmen, wie er ist.
- Er bedarf keiner sensiblen Einfühlung.
- Da er praktisch orientiert und kein Freund von Organisation und Planung ist, schätzt er direkte Hinweise.
- Von Ihrer Sorgfalt und Gewissenhaftigkeit läßt er sich durchaus lenken.

(7) Der Extrovertierte

Nach außen gewandt, lebensnah, offen und zugänglich, schafft er Kontakt, belebt die Gruppe und kann sozial integrativ wirken.

Seine **Stärken sind** sowohl **Kontaktfreudigkeit** als auch **aktives Kontaktstreben**. Er lebt außen in seiner Umwelt. Seine psychische Energie wendet sich voll nach außen. Er ist entgegenkommend, offen, zeigt ein bereitwilliges Wesen, knüpft rasch Beziehungen.

Gefahren des Typus sind das Interesse an Äußerlichkeiten und weitgehend unkritische Anpassung. Die Motive fließen nach außen, ergreifen Gegenstände und Menschen, handeln in deren Beziehungen, bringen sie voran. Er ist der „geborenen" Führer. Da er sich **unbekümmert** und vertrauensvoll in unbekannte Situationen hineinwagt, wird man ihm klare Ziele setzen wollen.

Ehrgeiz und Tatkraft treiben ihn an. Er will nicht nur dabei sein, er will handeln, und das geht manchmal bis zur Überschwenglichkeit. – Der Extrovertierte ist von Hause aus (in der biologischen Verfassung verankert) ein dem Du zugewandter Mensch, sozial integrativ, **er führt das Wort**. In seinem Überschwang merkt er nicht, daß er außen lebt, in seiner Umwelt, und er fragt nicht, ob die anderen das wollen oder nicht. Er projiziert sich selbst in jedes menschliche Umfeld hinein, sucht Selbstentfaltung und Selbstverwirklichung. Kontakt und Kommunikation sind sein Element. Suche nach Gleichberechtigung oder Überlegenheit sind stets wirkende Antriebe. Darauf müssen seine Partner, Vorgesetzten oder Berater Rücksicht nehmen.

Kurzfassung

- Nach außen gewandt. Sozial integrativ und aktiv.
- Geht direkt auf einen zu, will etwas erreichen und handeln.
- Manchmal überschwenglich.

Sein Gesprächsverhalten

- Direkt, offen, ohne Schnörkel.
- Guter Kontakt, gute Kommunikation.
- Kooperationsbereit.

Worauf es ihm ankommt

- Anerkennung, Kontakt, Gefühl der Zugehörigkeit.
- Sucht Einverständnis.
- Will gestalten, etwas schaffen, hat Ehrgeiz.

Wie er behandelt werden will

- Offen mit persönlicher Note: direktes Zugehen auf die Situation.
- Bei Meinungsverschiedenheiten hält er nicht hinterm Berg.
- Daher offene, gezielte Antworten geben, Einverständnis herbeiführen.

(8) Der Verläßliche

Jeder sucht ihn, den zuverlässigen Mitarbeiter und Partner, den von Grund auf „Verläßlichen". Es gibt ihn. **Er gehorcht seinem Gewissen**, einem sehr wachen Gewissen nämlich, das ihn automatisch mahnt, wenn er die moralischen Prinzipien, nach denen er lebt, zu verlassen droht.

Beim Verläßlichen sind die wichtigsten Kennzeichen – **geringe Impulsivität, fehlende aktive Selbstentfaltung, ausgeprägtes Wertbewußtsein** – gleichzeitig der Schlüssel zu seinem Wesen. Innere Werte, der Selbstbefehl: „du mußt das tun", „nimm dich ins Geschirr", bestimmen es weitgehend. Haltung und Bindung sind stärker als Elastizität.

Der Verläßliche **reagiert auf die Verhaltensnormen der sozialen Gruppe**, der er angehört. Er tut, was Pflicht ist, er **trägt Verantwortung** und er besitzt die Fähigkeit, die eigenen Handlungen und Absichten zu bewerten.

Er tut es nicht aus Furcht vor Nachteilen oder Bestrafung. Auch der äußere Druck spielt nur eine untergeordnete Rolle. Sein Über-Ich – nach Freud eine der Instanzen, die das Ich kontrollieren – ist stark ausgeprägt. Dieser innere Kompaß des moralischen Gewissens und der Ideale sorgt dafür, daß die „Richtung immer stimmt". So erweist er sich in kritischen Situationen, aber auch auf Dauer als äußerst zuverlässig.

Allerdings: In Situationen, in denen andere Normen gelten, als diejenigen, nach denen er lebt und handelt, gerät er leicht in Konflikte. Darauf wird man Rücksicht nehmen und ihm eine angemessene Frist der Besinnung und Beurteilung der neuen Situation einräumen müssen. Verläßlichkeit beruht auf einer früh angenommenen inneren Richtschnur für das eigene Handeln: **„So und nicht anders ist es richtig."**

Kurzfassung

- Zuverlässiger Mitarbeiter und Partner.
- Ausgeprägte Gewissenhaftigkeit und Pflichtgehorsam.
- Geringe Elastizität.

Sein Gesprächsverhalten

- Klare, zielgerichtete Aussagen.
- Manipuliert nicht oder nur wenig.
- Aus Formulierung und Betonung sind Sachverhalte und deren persönliche Bewertung erkennbar.
- Bei Kritik und Tadel zeigt er tiefe Betroffenheit.

Worauf es ihm ankommt

- Er möchte seine Aufgabe gut lösen.
- Leistungsstreben, Streben nach Vollendung einer einmal begonnenen Aufgabe.
- Bedenkt alle Voraussetzungen, prüft die Durchführbarkeit, denkt an Vorschriften, paßt auf, daß alles seine Richtigkeit hat.
- Streben nach Ordnung.
- Bedürfnis, Tadel zu vermeiden.

Wie er behandelt werden will

- Als verantwortungsbewußter Partner, auf dessen Wort man sich verlassen kann.
- Er erwartet Zuverlässigkeit auch von Ihnen.

(9) Der Angepaßte

Er ist ein guter Mitarbeiter. Er erstrebt überwiegend das, was der Betrieb oder die jeweilige Organisation ihm als Befriedigung bietet, und verhält sich so, wie es der Organisation nützlich und in der jeweiligen Situation erfolgversprechend ist. **Die betriebliche Organisation** mit ihrer Vielfalt von notwendigen Verhaltensweisen, die durch Sachzwänge festgelegt sind, **wird von ihm voll akzeptiert.**

Man kann sagen: Indem er die Betriebserfordernisse erfüllt, befriedigt er seine eigenen Bedürfnisse. Er befindet sich in einem Zustand vollständiger oder überwiegender Anpassung. Sein Handeln ist also durch die Normen und Wertvorstellungen der von ihm anerkannten sozialen Umwelt bestimmt. Durch Aufnahme und Verinnerlichung dieser **lebt** er **in zufriedener Übereinstimmung mit seiner Arbeitswelt.**

Den unteren und mittleren Rangstufen, häufigster Standort des guten Mitarbeiters, ist ein Mensch angepaßt, der vor allem **Sicherheit, eine stabile Arbeitsumgebung und eine geregelte Routinetätigkeit** ohne besondere Anforderungen an Initiative, Wendigkeit und Durchsetzungsvermögen **bevorzugt**; ein Mensch, der gern gehorcht, loyal und pflichtbewußt ist, aber weder nach besonderem Prestige noch nach Macht und Verantwortung strebt.

Der Angepaßte ist die Stütze des Betriebes, sei es im Sinne einer wirtschaftlichen Vollzugseinheit oder sozialen Organisation. Er ist ein gesuchter, weil bequemer Mitarbeiter. So, wie er sich verhält, entspricht das durchaus den Normen und Wertvorstellungen des Betriebes. Und umgekehrt: Indem er sich ein- und unterordnet, werden seine natürlichen Bedürfnisse voll befriedigt. Mehr will er nicht.

Sinn und Zweck seines Verhaltens ist die Verbesserung der Überlebenschancen – und des durchgemachten Lernprozesses, daß man am besten fährt, wenn man sich fügt. Er gelangte (in der Regel bereits als Kind) mit seiner Umgebung, insbesondere mit seinem sozialen Umfeld (sprich: Familie und Freunde), in einen glücklichen Gleichgewichtszustand der Konfliktlosigkeit.

Kurzfassung

- Ein dem Betrieb und seiner Organisation voll oder weitgehend angepaßter, ein- und unterordnungsbereiter Mensch.
- Er tut immer ein bißchen mehr, als unbedingt nötig ist. Das gibt ihm das Gefühl der Sicherheit.

Sein Gesprächsverhalten

- Zurückhaltend, liebt den informellen, persönlichen Ton.
- Bei Wichtigem zeigt er besondere Aufmerksamkeit und Konzentration.
- Meinungsverschiedenheiten geht er am liebsten aus dem Weg.

Worauf es ihm ankommt

- Möglichst konfliktfreie Erfüllung seiner Aufgabe.
- Routine gibt ihm Sicherheit.
- Ein- und Unterordnung sind ihm wichtiger als Eigeninitiative.
- Sicherheitsstreben, Streben nach Anerkennung, Leistungsstreben.

Wie er behandelt werden will

- So, wie man einen guten Mitarbeiter behandelt.

(10) Der Pflichtbewußte

Er tritt nicht hervor: **Bescheiden und unauffällig** hält er sich im Hintergrund. Er bleibt vorwiegend **ohne stärkeres Kontaktbedürfnis** und findet seine Befriedigung im kontinuierlichen Einsatz für seine Arbeit. Er bevorzugt schwierige, anspruchsvolle Aufgaben. An äußeren Erscheinungen und Ereignissen nimmt er wenig teil. **Einstellung und Verhalten sind an echte Werte und sachliche Aufgaben gebunden.** Sein Wertbewußtsein ist ausgeprägt.

Die persönlichen Wünsche und Bedürfnisse treten hinter der Pflicht zurück. Sich selbst erlebt er weniger als ein „Ich-will" als ein „Du-mußt". Folglich ist die Steuerung des eigenen Verhaltens, die **Selbstbeherrschung und Selbstkontrolle, stark entwickelt.** Wenn sachliche Forderungen auftreten, diszipliniert er sich über das sonst übliche Maß hinaus. Damit ist seine wesentliche Haltung charakterisiert. Das Persönlichkeitsbild wird durch Haltung und Bindung an Werte und Normen bestimmt. Das Ganze beruht auf nicht sonderlich stark angelegten vitalen Voraussetzungen. **Antrieb und Dynamik halten sich in Maßen,** so auch das Bedürfnis nach Selbstverwirklichung.

Der Typ des Pflichtbewußten geht oft mit einer Vergeistigung einher. Das bedeutet ein lang anhaltendes Bemühen um Gestaltung der eigenen seelischen Entwicklung bei gleichzeitig stark ausgeprägter Tendenz zur Bewahrung. Erleben und Denken sind darauf gerichtet und ermöglichen ihm Gestaltungskraft und Vertiefung in seine Aufgabe.

Er ist, genau genommen, ein Einzelgänger, aber einer, den man gern um sich hat, weil er sich den Mitmenschen nicht entzieht. Oft ist er ein Element des ruhigen Ausgleichs. **Er braucht keine Aufmunterung, sondern reichliche Anerkennung und wohlwollende Wertung.**

Als leistungsfähig geachtet, wegen guter Arbeit und guter Entscheidungen anerkannt zu werden, ist sein Ziel. Er sieht **Pflichterfüllung als Norm oder Ideal.** Die Einhaltung moralischer Prinzipien verschafft ihm Genugtuung.

Kurzfassung

- Er ist nicht nur „pünktlich", „fleißig" und „gehorsam", sondern auch an echte Werte und eine sachliche Aufgabe gebunden, eben ein „Pflichtmensch".
- Er sichert seine Schritte ab, bleibt nicht bei der Routine stehen, strebt nach Erkenntnis und Gestaltung.

Sein Gesprächsverhalten

- Zurückhaltend und scheinbar bescheiden, hat aber dennoch etwas zu sagen.
- Argumentiert im Sinne der Vorgaben, der Systematik oder Wahrscheinlichkeits-abschätzung, mit dem Hier und Jetzt.
- Bei seinem geringen Kontaktbedürfnis bleibt er dem Sachlich-Fachlichen verhaftet.

Worauf es ihm ankommt

- Klare Sachverhalte, pflichtgemäßes Handeln und Verhalten.
- Sorgfältige Prüfung seines Anliegens.
- Zahlen und Daten müssen genau sein.
- Lehnt allgemeine Argumente ab.
- Läßt nur beweisbare Tatsachen gelten.
- Anerkennung und Partnerschaft tun ihm wohl.

Wie er behandelt werden will

- Aus der gegebenen gegenseitigen Pflicht heraus.
- Da er ein klares Konzept hat, müssen Sie darauf eingehen.
- Bei anderen oder neuen Sachverhalten bzw. geltenden Bedingungen ist er schnell irritiert. Daher Ruhe und Sorgfalt wahren.
- Geben Sie ihm Bedenkzeit, und verpflichten Sie ihn zur Kooperation.

(11) Der Pedant

Wir finden ihn meist dort, wo es auf Genauigkeit oder die strikte Einhaltung von Normen und Vorschriften ankommt, gelegentlich leider auch „am falschen Ort". Dann stört sein Verhalten um so mehr.

Er ist übertrieben korrekt und klebt an Vorschriften. Wo solche nicht vorhanden sind, macht er sich welche. Er will immer alles „ordnen"; die Ordnungstendenz und **übersteigerte Ordnungsliebe** sind ein wesentlicher Charakterzug. Korrektheit auch im kleinsten, Präzision, Genauigkeit bis zur Akribie und Regelmäßigkeit in allem sind für ihn die wichtigsten Lebenswerte.

Die gesteigerte **Beachtung von Kleinigkeiten** führt zur Umstandskrämerei. Seine Tragik ist, daß viele an sich positive Verhaltens- und Charaktermerkmale wie **Ordnung, Pünktlichkeit, Gewissenhaftigkeit, Pflichttreue** übersteigert werden und karikaturhafte Züge annehmen. Wird er deshalb kritisiert oder angegriffen, wird er leicht zum Prinzipienreiter.

Wie ist er zu verstehen? – **Ordnen gibt ihm Sicherheit.** Regelmäßigkeit bestätigt ihm, daß alles seine Ordnung hat. Die Einhaltung von Ordnung stabilisiert sein gering untermauertes Selbstbewußtsein. Formale Versteifung ist der Preis dafür. **Im Zentrum seines Lebens und Handelns stehen die Sicherheit der Existenz,** die Schutzsuche vor Gefahren, uneinsichtigen Situationen und plötzlichen Änderungen. **Durch die Anerkennung seiner Vorzüge und das Eingehen auf sein Sicherheitsbedürfnis kann man ihn positiv einstellen.**

In seinem Gesprächspartner sucht er Schutz vor Enttäuschung und Gefahren. Aus seinem Sicherheitsbedürfnis heraus hat er ein Verhalten entwickelt, das ihn scheinbar über alle Gefahren des Lebens hinwegträgt. Die Lebensmeisterung gelingt ihm so in einer passiven Einstellung.

Dabei **verliert er den Blick für das Wesentliche.** Ursache ist eine schwächliche Selbstbehauptung und – in der Regel – geringe Vitalität. Er ist unter Umständen ein guter Administrator oder „Vorschriftenmensch". Er hält auch das Organisationshandbuch bestens auf dem laufenden. Doch im Umgang mit Menschen ist er unbeholfen. Die lebendige Frische fehlt.

Kurzfassung

- Umstandskrämer, Erbsenzähler. Vorschriften, Regeln und Normen nimmt er sehr genau. Übersteigerte Ordnungsliebe.
- Auf das „Ordnungsgemäße", „Prinzipielle" kommt es ihm an.

Sein Gesprächsverhalten

- In der Regel langsam, unbeholfen, mit Pausen, langatmig. Spricht nicht zur Person, sondern zur abstrakten Sache.
- Gesteigerte Beachtung von Kleinigkeiten. Will genauestens Bescheid wissen. Versteift sich auf unwichtige Kleinigkeiten.

Worauf es ihm ankommt

- Genauigkeit, Pünktlichkeit, Ordnung und Gewissenhaftigkeit.
- Korrektheit auch im kleinsten, Präzision „bis zum i-Punkt", Pflichttreue.
- In seinem Gesprächspartner sucht er Zuverlässigkeit, Schutz vor Enttäuschungen und Gefahren.
- Sicherheitsstreben, Ich-Sicherungstendenz.

Wie er behandelt werden will

- „Genau nach der Ordnung".
- Sucht nach der „Vorschrift" sein Recht. Wehrt Kritik ab.
- Braucht Wohlwollen und Bestätigung. Bei seiner schwächlichen Selbstbehauptung sollten Sie beachten, daß ihm oft die Einsicht für das Ganze fehlt.

(12) Der Beamte

Um den „Beamten" zu verstehen, muß man sich vor Augen halten, wie in einem „Amt" Führung und Arbeit ablaufen. Es existiert eine **präzise Aufbau- und Ablauforganisation, die von den vorgegebenen Aufgaben ausgeht, die „nach Vorschriften" wahrzunehmen sind. Wenn-dann-Entscheidungen sind die Regel, alles läuft nach Routineprogrammen. Delegation von Verantwortung oder Führung durch Zielvorgabe sind entbehrlich.**

In der Bürokratie des Amtes herrscht Kameradschaftlichkeit, eine gewisse familiär-häusliche Atmosphäre. Das ist die Rückseite der Medaille: „Wir unter uns." Auf der Vorderseite steht: „Wir sind Beamte." **Problem des Normalbürgers: „Der Beamte ist unangreifbar", als Mitmensch entzieht er sich der Annäherung.** Fremde läßt er in seine intime kameradschaftliche Gruppe nicht hinein.

Er gilt von jeher als eine besondere Spezies von Mensch. Ist er es wirklich? – Mit dem Bild des Beamten assoziiert man gern folgendes: Er ist stets korrekt. Treu seinem Beamteneid dem Gesetz gehorchend, ist er nicht **„Person", sondern „Funktionär", also Amtsperson.** Nicht seine Persönlichkeit ist der Öffentlichkeit gegenüber der Kommunikationspartner, sondern die Amtsmiene. Die Persönlichkeit darf höchstens schwach hindurchschimmern.

Gesetze, Paragraphen und Amtsführungsbestimmungen sind Richtschnur des Handelns. In ihnen denkt er, sie und die jeweils gültigen Vorschriften sind feste Normen.

Zweifellos sind die Individualitäten verschieden. Dennoch gibt es die besondere „Spezies" des Beamten, den Typus. Wahrscheinlich war er in seinem Leben früh in die Abhängigkeit von Vorschriften geraten, die ihm Leitschnur des Handelns wurden, weil er so Sanktionen eher aus dem Wege gehen konnte. Sich anpassen, sich fügen, den Vorschriften genügen, gilt als zwingend. Eigene Überlegungen werden hintangestellt. Geht etwas schief, dann ist derjenige, der die Vorschriften erläßt, verantwortlich, nicht er. Sich Vorschriften zu fügen, ist sein Lebenskonzept. So kann er zufrieden sein, den verbleibenden Raum der Selbstentfaltung im privaten Bereich – sicher nie ohne ein Stück Beamter zu bleiben – zu nutzen.

Stellvertretend für alle anderen lebt er uns sozusagen vor, wie man sich nach „Vorschriften" verhalten sollte und daß dies höchst erstrebenswert ist. Ihm ist auch nur mit Vorschriften beizukommen. Das heißt, daß es von Vorteil ist, wenn man sie kennt. Man darf ihm aber die Paragraphen nicht um die Ohren hauen.

Kurzfassung

- Zurückhaltend im Kontakt, zuverlässig, korrekt, genau nach Norm und Vorschrift, dem Beamtendasein angepaßt.

Sein Gesprächsverhalten

- Meist ist er es, der angesprochen wird.
- Meldet sich in der Regel mit Amt und Namen.
- Schildert den Fall sachgerecht, aber meist im „Amtsdeutsch".
- Förmlich, wenn angebracht, zitiert er den „amtlichen" Text.
- Einwänden begegnet er mit Abwehr oder Skepsis.

Worauf es ihm ankommt

- Erwartet „dienstgemäßes" Verhalten, sachgerechtes, vorschriftsmäßiges Fragen und Antworten.
- Nimmt „Ausführungsbestimmungen" entgegen. Worauf es ihm ankommt, ist die Sicherheit in der Sache.
- Bedürfnis, Tadel zu vermeiden, Streben nach Ordnung.

Wie er behandelt werden will

- Neutral, sachlich, akzeptiert aber den persönlichen Ton.
- Möchte sich in guten Händen wissen. Hat Angst vor Manipulation.
- Zurückhaltende Kollegialität ist angebracht.
- Sie können ihm mit Vorschriften kommen.

(13) Der Aufsteiger

Er ist nahe an der Spitze oder auf dem Weg dorthin zu finden, bevorzugt den großen Betrieb mit hierarchischen und bürokratischen Strukturen, wo er als „Pyramidenkletterer" auffällt. **Identifikation, Bejahung der betrieblichen Aufgaben und der Leistung** machen ihn zu einem begehrten Mitarbeiter. Belohnungen dafür: gute Stelle, Macht, Einkommen und Selbstbestätigung im Betrieb.

Kennzeichen seines Verhaltens: Interesse, Engagement, Wissen, um was es geht, schnelles Reagieren auf einen Wink hin, Übernahme der Aufgabe in eigener Verantwortung, Anpassungsbereitschaft, Einhaltung der betriebsüblichen Regeln und Normen, gute Kontakte zu seinesgleichen und ihn unterstützende Untergebene. **Bei Rückschlägen reagiert er empfindlich, sucht die Schuld aber zunächst bei sich.**

Er will weiterkommen und befördert werden. Dabei spielen finanzielle Erwägungen eine Rolle, aber wichtiger noch als Geld ist ihm das Sozialprestige. Dafür **setzt** er alle seine **Fähigkeiten und Kräfte ein.** Er ist sich seiner selbst nicht so ganz sicher, wie er tut. Vor allem hat er eine ständige oder wiederkehrende Furcht zu versagen. Das wird in Besprechungen und Verhandlungen sehr deutlich, vor allem, wenn er zu verlieren beginnt! Daher **manipuliert** er, **wo es ihm oder der Sache nützt,** das soziale Umfeld: Sein Machttrieb wird sichtbar.

Mit seinen Bedürfnissen ist er den Anforderungen einer Organisation, den verschiedenen Positionen innerhalb der pyramidenförmig ansteigenden Leiter besonders gut angepaßt: Er **strebt nach Anerkennung, Beförderung und Prestige,** und der Betrieb gibt sie ihm, weil er leistungsstark ist und sich geschickt ein- und unterordnet.

Genaugenommen ist der Aufsteiger nicht der bürokratischen Organisation ganz allgemein angepaßt, sondern nur ihren höheren Rängen. Gemeinsam mit den anderen hält er dort die Fäden in der Hand. Er braucht dazu nicht erst motiviert zu werden. Die Angst vor dem Versagen läßt automatisch ein heftiges Verlangen nach Umweltkontrolle aufkommen – und er bringt alles wieder ins reine.

Kurzfassung

- Ehrgeiziger, in der Regel tüchtiger Mensch, den es nach Aufstieg und Beförderung dürstet.
- Setzt stets seine Fähigkeiten und Kräfte ein.
- Meint, nicht versagen zu dürfen.

Sein Gesprächsverhalten

- Klar und deutlich.
- In Tonfall und Stimme ist Dynamik erkennbar.
- Bringt das Wesentliche pointiert zum Ausdruck und „weiß, was er will“.
- Stellt sich günstig dar.

Worauf es ihm ankommt

- Die Sache, das Problem soll bestens gelöst werden.
- Läßt sich nicht beiseite drängen und sich nicht leicht unterkriegen.
- Seine Position dient ihm zur Selbstverwirklichung, als der Platz, wo er sich vor sich selbst und den anderen bewähren muß, aber auch als Machtbasis.

Wie er behandelt werden will

- Zeigen Sie Verständnis für seine Position bzw. Aufgabe.
- Was ihm zusteht, soll er bekommen.
- Da er kommunikativ gut und auch kooperativ ist, können Sie mit ihm alles auf sachlicher Ebene vereinbaren.
- Er verträgt Meinungsunterschiede und Kritik an der richtigen Stelle.
- Stellen Sie sich gleichberechtigt, nicht überlegen.
- Helfen Sie ihm, wo Sie können. Das vergißt er nicht.

(14) Der Gleichgültige (Indifferente)

Sein Arbeitsplatz ist ihm wichtig für den Lebensunterhalt, mehr bietet er ihm nicht. Er ist den Erfordernissen des Unternehmens nicht gut angepaßt. Im Grunde erstrebt er etwas anderes, als der Beruf ihm bietet. Er befleißigt sich deshalb keines besonderen Eifers oder Konformismus. Andererseits **meidet er alles, was seine Stellung gefährden könnte**. Er tut gerade so viel, wie nötig ist, um seine Stellung und damit seinen Lebensunterhalt zu sichern.

Die Gleichgültigen sind Arbeitnehmer auf Zeit, teilweise mit „innerer Kündigung", und eigentlich, was die Identifikation mit ihrem Unternehmen anbelangt, zurückhaltend bis different.

Diese Indifferenten findet man vor allem in den unteren Rängen der Organisation, gelegentlich auch als Spezialisten. Es sind Menschen, deren subjektive Bedürfnisse oder Werte von vornherein nicht jenen von den Betrieben oder Organisationen gebotenen Befriedigungschancen entsprechen, oder es sind Menschen, die ursprünglich – wie die Aufsteiger – nach Beförderung, Status, Anerkennung und Autorität strebten, denen die Erfüllung dieser Wünsche jedoch versagt blieb. Ein von vornherein **geringes Anspruchsniveau** kann eine vordergründige Anpassung erleichtert haben.

Einen Teil der Gleichgültigen kann man auch als die Frustrierten bezeichnen. Sie wurden wiederholt daran gehindert, angestrebte Ziele im Alltagsleben zu erreichen und mußten sich manches versagen. Alle neigen infolge der subjektiv gering eingeschätzten Chancen im Unternehmen dazu, Freizeit und Familienleben höher einzuschätzen als Arbeit, Identifikation und Aufstieg, oder sie sind von Anfang an als „Jobber" angetreten. – Sie zu motivieren ist schwer, aber nicht unmöglich.

Kurzfassung

- Er arbeitet, um seinen Lebensunterhalt zu verdienen.
- Freizeit ist ihm wichtiger als Arbeitszeit.
- Das Unternehmen gibt ihm keine Befriedigung.
- Manchmal ist der Typus frustriert, weil er sich nicht bewähren und aufsteigen kann.

Sein Gesprächsverhalten

- Wenig kontrolliert, spontan.
- Seine Aussagen stimmen nur ungefähr.
- Wirkt lässig, schwenkt aber auf das Notwendige ein.
- Geht Entscheidungen aus dem Weg; beruft sich auf Vorgesetzte oder die „Organisation".

Worauf es ihm ankommt

- Er möchte keine Schwierigkeiten haben.
- Sucht nach angenehmen Gefühlen, möchte unmittelbare – keine auf lange Sicht planbaren – Ergebnisse und möglichst sofortige Befriedigung seiner jeweiligen Bedürfnisse.
- Nimmt gern, gibt aber wenig.

Wie er behandelt werden will

- Trotz seiner Indifferenz möchte er ernst genommen werden.
- Stellen Sie an ihn keine hohen Anforderungen.
- Bei Meinungsverschiedenheiten kann wohlwollendes Einlenken helfen, ihn im Sinne seiner betrieblichen Aufgaben zu bestärken.

(15) Der Labile

Wir alle kennen ihn, den labilen Menschen: **launisch, empfindlich und unruhig,** wenig beständig. Im äußersten Fall gilt er als wetterwendisch. **Neurotische Reaktionsweisen** sind **nicht unüblich.**

Er **folgt den inneren Impulsen spontan.** Von emotionaler Stabilität weit entfernt, gelingt die Aktivierung der Willenskräfte – um gegenzusteuern – nur selten. Im Gegenteil, er kann den Aufschub von Befriedigungen seiner Bedürfnisse nicht ertragen, und muß er verzichten, ist er schnell frustriert.

Frustration ist bei ihm sozusagen tägliches Ereignis. Sie **kann zu aggressivem Verhalten führen.** Funktionsstörungen im Bereich des Erlebens sind die Ursache, nicht etwa „schlechter Charakter". Das Vegetativum ist stärker. Meist ist die Ursache auf die frühkindliche Entwicklung zurückzuführen, die fest im Persönlichkeitsbild verankert ist.

Diese **leichte Störbarkeit schon bei nichtigen Ereignissen** wird von der Umwelt als unrealistisches Verhalten gewertet. Die mangelnde Gleichmäßigkeit und Kontinuität in Stimmungslage und Verhalten führen dazu, daß er seine Um- und Mitwelt in Alarmbereitschaft hält.

Psychische Labilität ist zwar nicht angeboren, eher erworben und durch Gewohnheit verstärkt. Mit den Folgen – Launenhaftigkeit und leichte Frustrierbarkeit – muß man rechnen. **Die gehäuften neurotischen Reaktionsweisen sind Wesensmerkmale** der Persönlichkeit. Ihn haut schnell etwas um. Folgt er spontan seinen inneren Impulsen, und es klappt nicht, kann er ausfallend werden oder auch Tränen vergießen. **Bei Laune gehalten, kann er Gutes leisten.**

Typisch ist ein labiles Schwanken zwischen wechselnden Reizen und Zielen. Schnell bereit mitzumachen, kann er durchhalten, solange er vorwärts kommt und Erfolg hat. Die Begeisterung schwindet aber schnell, wenn Schwierigkeiten auftreten. Dies und das vorher Gesagte muß man bei seiner Einschätzung berücksichtigen oder in Kauf nehmen. Jede andere Vorgehensweise erhöht die Gefahr eines Mißerfolges.

Kurzfassung

- Emotionen sind häufig und intensiv, so daß der Labile sie nicht immer kontrollieren kann.
- Er neigt zu Impulsivität und Spontanität und ist schnell frustriert.

Sein Gesprächsverhalten

- Lebhaft, nervös, mit ausbrechenden Affekten.
- Einer sachlich-nüchternen Argumentation kaum zugänglich.
- Je nach Verfassung und Laune kann er spontan zustimmen oder die Sache total ablehnen.

Worauf es ihm ankommt

- In erster Linie auf die Erfüllung seiner Wünsche.
- Braucht Zuspruch, Anerkennung und sucht Bestätigung.
- Bedürfnis nach Selbstverteidigung. Angriffslust.

Wie er behandelt werden will

- Da sein Selbstwertgefühl schwach ist, sollten Sie nicht auf ihn eindringen.
- Eine ruhige, sachliche Sprechweise und Ihre sicher führende Hand bringen Sie eher zum Ziel.

Zusammenfassung

Personwahrnehmung beruht nicht auf einer angeborenen Menschenkenntnis oder Intuition. Sie ist das Ergebnis von Lernprozessen. Dabei spielen zwei Tendenzen eine Rolle: die Tendenz des Vereinfachens oder Vereinheitlichens und die Tendenz, Ähnlichkeiten oder Verwandtschaften festzustellen. Gibt man dieser Neigung nach, so entsteht die folgende Tabelle. Dabei rückt jeweils ein Typ ins Zentrum. Von ihm aus erkennt man die mehr oder weniger übereinstimmenden Strukturmerkmale der Persönlichkeitstypen.

Dennoch: Jeder ist anders! Diese Übersicht mag einer ersten Sichtkontrolle genügen. Die Beurteilung selbst sollte stets auf den Einzeltypus bezogen sein. (Der „Misch-typus" besteht aus solchen Einzelteilen.)

Beurteilungen haben eine ungeheure praktische Relevanz für menschliche Beziehungen allgemein und für das Zwischenmenschliche und das Führungshandeln im besonderen. Man sollte nie die Tragweite und Relevanz für das menschliche Lebensschicksal des Bewerbers vergessen, wenn man ein Urteil abgibt.

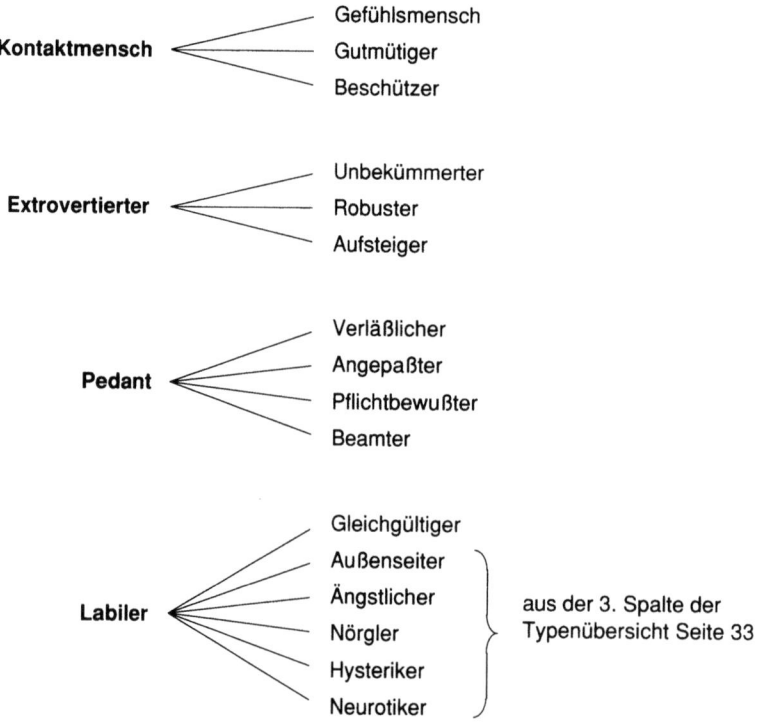

6. Eigenständige, gestaltende, leistungsbereite Typen

Zu dieser Gruppe gehören Menschen, die in sich ruhen, wie der Introvertierte, aber auch solche, denen es gelungen ist, eine eigenständige Persönlichkeit zu entwickeln und zu pflegen, wie dies am deutlichsten beim Pragmatiker geschieht. Andere haben die Eigenart entwickelt, ihren Lebensrahmen frei zu gestalten oder zu sprengen, wie das etwa beim Kreativen der Fall ist. Gemeinsam ist ihnen das Streben nach Selbständigkeit, Leistung und Einfluß.

Zu dieser Gruppe gehören die meisten Führungskräfte. Eigenständigkeit, Gestaltung und Leistung sind ihre gemeinsamen Kennzeichen. Auf die meisten unter ihnen trifft das zu, was unter „Persönlichkeitsformat" oder „starker Persönlichkeit" verstanden wird. Die jeweilige Stärke ist qualitativ verschieden. Daher wird man für jeden Typus ein anderes Betätigungsfeld auswählen.

In der persönlichen Begegnung ist wegen der Gefahr ungewollten Konkurrenzverhaltens auf die Täuschungen und Irrtumsmöglichkeiten (Seite 15f. und Seite 24) besonders zu achten.

(16) Der Selbstbewußte

Das, was ich erlebe, erfahre und empfinde, so, wie ich mich erlebe, meine Erinnerung, einschließlich der Vorstellung über mich selbst, fließen im Selbstbewußtsein zusammen. Es kann von der schwächlichen Selbstbehauptung bis zum Stolz und zur Überheblichkeit reichen. Was den hier genannten Charaktertyp anbelangt, so ist nicht jener Mitarbeiter, Vorgesetzte oder Kunde gemeint, der sein Selbstbewußtsein zur Schau trägt, sondern **der selbstsichere Mensch aufgrund von „gesundem" Selbstbewußtsein.**

Seine Gelassenheit ist echt. Sie beruht auf der Überzeugtheit von der eigenen Person, den eigenen Fähigkeiten. Sein Selbstgefühl läßt ihn die eigene innere Freiheit, die auf Können und Situationsbeherrschung beruht, erleben. **Selbstsicherheit ist mit Selbstvertrauen und Selbstachtung verbunden.**

Worauf Charakter und Verhalten des Selbstbewußten insbesondere beruhen, sind gute Vitalität, d. h. das Erlebnis eines stets vorhandenen Kraftüberschusses. Er hat **starke Antriebskräfte zum Handeln und Schaffen.** Seine Einstellung zum Leben ist also nicht passiv. Der Grundzug seines Charakters ist der Wille zur Gestaltung. Er bedarf weder der Führung noch der Hilfe. Er hat sich selbst in der Hand und führt sich selbst. Sein in Fähigkeiten und der positiven Einstellung zum Leben und zur Arbeit begründetes gesundes Selbstwertbewußtsein berechtigt ihn dazu. Ihm kann man Verantwortung delegieren.

Sachliche Begegnung und das Gewähren von Selbständigkeit und eigener Verantwortung sind die Mittel seiner Führung und Förderung. Ruhige, sachliche, zielgerichtete Information ist wichtiger als Motivation, da er von sich aus motiviert ist.

Kurzfassung

- Der Selbstsichere mit gesundem Selbstbewußtsein verfügt über echte Gelassenheit (Ich-Stärke).
- Sie beruht auf Können und der Beherrschung auch schwieriger Situationen (Selbstachtung).
- Achtet auf Anforderungen und die Qualität der Arbeit.

Sein Gesprächsverhalten

- Ruhig, sachlich, zielgerichtet.
- Der Wille zur Gestaltung oder Mitgestaltung, also auch zur Kooperation, tritt deutlich hervor.
- Ist aktiv, will die Dinge regeln.
- Er ist gelassen und beherrscht die jeweilige Situation, stellt sachliche Fragen, ist kooperativ.

Worauf es ihm ankommt

- Die Einstellung auf den Sachverhalt, die Beachtung der Zielsetzung, auch: Anerkennung seines Strebens nach Vollendung einer einmal begonnenen Arbeit.
- Es soll etwas geschehen, und es soll sachlich richtig und in seinem Sinne geschehen. Dabei ist er kooperativ und produktiv.
- Streben nach Leistung, Selbstverwirklichung, aber auch nach Unabhängigkeit und Dominanz.

Wie er behandelt werden will

- Sachliche Begegnung.
- Achtung seiner Selbständigkeit und Eigenverantwortlichkeit.
- Sie dürfen mit vernünftigen Reaktionen seinerseits rechnen.
- Da er sich selbst etwas zutraut, nicht belehren oder führen, sondern an seine Fähigkeit, die Dinge selbst zu regeln, appellieren.
- Kritik und Tadel nimmt er ungern an.
- Neuen Erkenntnissen ist er allerdings zugänglich.

(17) Der Kreative

Seine Kennzeichen sind **Interesse, Neugier** und ein Rest kindlicher **Naivität**. Vieles, was der Kreative denkt oder tut, ist überraschend. Kreative Menschen besitzen die Fähigkeit, ihrer Umwelt mit einer **offenen, kritischen Haltung** gegenüberzutreten. Sie sind „sensibel" für Probleme und besitzen die Gabe, in kurzer Zeit viele Gedanken, Ideen oder Assoziationen zu produzieren. Sie haben **Inspiration**, gefallen sich im Nonkonformismus, sind gern autonom. Dabei bringen sie ungewöhnliche Lösungsansätze und Ideen hervor.

Sie bleiben nicht an der Oberfläche, sondern durchdringen das Problemgebiet. Sie besitzen die Fähigkeit, Gegenstände in neuen Beziehungen und auf originelle Art zu erkennen: „Ich hab's, das ist die Lösung!"

Intensität und Gründlichkeit des Denkens auf der einen Seite, das Umwandeln, Verändern oder Umstrukturieren gegebener Informationen auf der anderen, befähigen sie, „Neues" zu **schaffen**. Angetrieben werden sie durch Neugiermotivation und das **Streben nach Selbstverwirklichung**.

Intelligenz ist eine notwendige Voraussetzung. Psychische Gesundheit, **Ich-Stärke**, eine gewisse Aggressivität oder Dominanz treten hinzu: Meist sind auch größere Energiereserven vorhanden. Diese persönlichen Grundlagen ermöglichen es, Konflikte, Frustrationen, Unsicherheit und Ungewißheit, alles Begleiterscheinungen des schöpferischen Prozesses, zu ertragen.

Man achte auf **Zielgerichtetheit, Sinnhaftigkeit** und **Realitätsangepaßtheit** beim Kreativen, um nicht solchen Menschen aufzusitzen, die sich für kreativ halten, aber nur „originellen Unsinn" produzieren.

Kurzfassung

- Der schöpferische Mensch ist neugierig, ein Tüftler, Bastler, Erfinder, Ideenproduzent und meist ein bißchen versessen auf seine Einfälle.
- Starkes Ich, kein Konformist, belastbar.
- In der Regel auch gute Sozialkompetenz.

Sein Gesprächsverhalten

- Er fängt gern mit einem ungewöhnlichen Gedanken an, kann bildhaft schildern und stellt viele Fragen.
- Interesse und die kritische Haltung sind mit Zielgerichtetheit gepaart.
- Er ist meist freundlich, sein Lachen kann anstecken.

Worauf es ihm ankommt

- Sucht die besondere Lösung, eher herausfordernde Aufgaben.
- Und: Die „Sachen" müssen funktionieren. („Für alles gibt es eine Lösung.") Dabei kann er auch aggressiv werden.
- Will Bestätigung und kann Lob gebrauchen.
- Leistungsstreben, Angriffslust, Forschungs- und Spieltrieb, Erkenntnisstreben, Neigung, sich selbst gelegentlich zur Schau zu stellen.

Wie er behandelt werden will

- Exzeptionell und seinen Gedanken folgend.
- Da er sensibel für Probleme ist, dürfen Sie alles genau im Detail erläutern.
- Bei Meinungsverschiedenheiten sollten Sie ihm recht geben, aber den Rahmen abstecken.
- Am besten gewähren lassen.

(18) Der Ingenieur

Seine Aufgabe ist es, praktisch-technische Probleme mit fundiertem Wissen auf seinem Spezialgebiet zu lösen. Sein Beruf erfordert Gewissenhaftigkeit und menschliche Reife.

Das Ingenieurdenken ist ein sachliches, genaues, realistisches Denken. Sein Urteil ist ein nüchternes Unterscheiden von Wunschvorstellungen und Machbarkeit, von Wesentlichem und Unwesentlichem, von Realität und „Bla-Bla". Er geht konzentriert, intellektuell, mit geistigem Augenmaß an die Dinge heran und benötigt Selbstsicherheit, um Lösungen nicht nur zu sehen, sondern sich zu entscheiden, welche Lösung er wählt.

Nüchternheit und eine gewisse Härte, Genauigkeit und Aufmerksamkeit sowie das stete Durchdenken bis ans Ende sind wesentliche Merkmale. Schnelles, oberflächliches Arbeiten – mit eingebauten Fehlern – ist nicht ingenieurtypisch. Um die unvermeidlichen Widerstände aller Art im Dienste der gestellten Aufgabe zu überwinden, setzt er **Klarsicht**, **Beharrlichkeit** und **Beherrschungsvermögen** ein.

Es gibt nicht nur einen Typen des Ingenieurs. Der Ingenieurberuf ist in seinen vielfältigen Zweigen facettenreich, sozusagen ein Land mit unterschiedlicher Topographie, mit Höhen und Tiefen, die mit unterschiedlich intellektuellen Mitteln zu meistern sind, „bewohnt" mit mancherlei Wesen, die sich darin wohl fühlen und Tüchtiges leisten.

Man wird Anforderungen der Stelle und Persönlichkeit stets sorgfältig auf Übereinstimmung oder Nichtübereinstimmung prüfen und berücksichtigen müssen.

Will man den Ingenieur allgemein charakterisieren, so tritt folgendes Eigenschaftsbündel in den Mittelpunkt: **Im Kontakt eher zurückhaltend**, emotional unauffällig, Interesse an technischen Aufgabenstellungen, meist Desinteresse an Organisation, Hierarchie und Sozialprestige, Gewissenhaftigkeit und Zuverlässigkeit, **solide, meist konservative Einstellung** (kaum einer von ihrer Zunft will die Gesellschaft „umkrempeln"), **Selbstgenügsamkeit** und **Selbstdisziplin**.

Naturwissenschaftliches Denken erzieht zur Sorgfalt und Regelhaftigkeit. Der Ingenieur hält wenig von nicht nachvollziehbaren Ideen. Seine Abstraktionen sind präzise und berechenbar. Seinen sozialen Status in der Hierarchie nimmt er weniger ernst. Wichtiger ist ihm die Aufgabe.

Kurzfassung

- Sachlich, nüchtern, realistisch, praktisch-technische Einstellung, mit Liebe zum Detail, zur Formel, zur Zahl.
- Bei neuen Ideen kommt gelegentlich der Spieltrieb zum Vorschein.

Sein Gesprächsverhalten

- Kommt bald zur Sache. Sagt, worum es geht. Will präzise Auskünfte.
- Kann sich in eine Sache verbeißen.
- Im persönlichen Kontakt zurückhaltend.
- Bei Meinungsverschiedenheiten nimmt er Eindrücke ruhig auf und klärt Abweichungen auf der Fachebene.

Worauf es ihm ankommt

- Seine Aufgabe steht im Vordergrund. Streben nach Genauigkeit.
- Er will solide planen, prüfen und den Fortgang kontrollieren.
- Auf Sicherheit kommt es ihm mehr an als auf Anerkennung.

Wie er behandelt werden will

- Er bevorzugt fachlich gut untermauerte Darstellungen.
- Gewissenhaftigkeit und Realitätssinn schätzt er ebenso wie Unterstützung bei der realistischen Entscheidungssuche.
- Seine Aufgaben möchte er in eigener Verantwortung lösen, ist aber dem Teamgedanken nicht abgeneigt.

(19) Der Introvertierte

Er ist in sich gekehrt und verschlossen. Wir finden ihn in vielerlei Berufen und Positionen. Er lebt abgesondert, zurückgezogen, vereinzelt. Er ist aber kein Einzelgänger. Sein **zögerndes Abwarten**, die späte Kontaktaufnahme, das Sich-langsam-Vortasten sind vielmehr Zeichen eines reichen Innenlebens, das er nicht so leicht aufs Spiel setzen möchte.

Sein **nachdenkliches Wesen** führt dazu, daß er vor neuen Objekten scheut und leicht in die Defensive abgedrängt wird. Er **beobachtet** sein Umfeld **mit Skepsis** oder Mißtrauen und braucht Zeit, um sich zu entscheiden.

Bei seinem zurückgezogenen Wesen hat er meist nur ein paar enge Freunde und genießt einzelgängerische Betätigungen wie Lesen und Angeln, oder er sperrt sich in seinen Hobby-Keller ein. – **Inaktiv, wenig soziabel und auch gehemmt**, sucht er sich einen ruhigen Posten, wo seine Vorzüge zum Tragen kommen können – die Sorgfalt, seine Selbstbeherrschung und die Verantwortlichkeit.

Er lebt und ruht in sich, kann ein wertvoller Mitarbeiter sein, dessen Nachdenklichkeit und Auseinandersetzung mit den Fragen und Problemen des Betriebes oder der Welt, für humane und ethische Probleme des Betriebes und der Gesellschaft ein sehr nützlicher Beitrag sein können. Sein Beitrag ist der Wert seiner Persönlichkeit. Seine Vorteile sind Sorgfalt, Selbstbeherrschung und Verantwortlichkeit. Letztgenannte kann sich zum Nachteil entwickeln, da sie zur Selbstbeschränkung führt. Seine Selbstbehauptung ist schwach ausgebildet.

Im Unterschied zum Extrovertierten wendet sich die psychische Energie nach innen. Er wird stets fragen: „Wie stehe ich vor mir da?" Das ist natürlich ein Selbstschutz und ein mehr als „gesundes Mißtrauen". So **schützt** er aber **seine Intimsphäre**.

Kurzfassung

- Er ist in sich gekehrt und verschlossen, aber nicht abweisend.
- Er verfügt über schwache Selbstbehauptung.
- Sein Mißtrauen ist konstruktiv.
- Er ist an innere Werte gebunden, steht zu einer einmal getroffenen Entscheidung.

Sein Gesprächsverhalten

- Sein zögerndes, nachdenkliches Wesen kennzeichnet sein Gesprächsverhalten.
- Skepsis schimmert durch.
- Wird er überzeugt, willigt er ein.

Worauf es ihm ankommt

- Er will klare, belegte Aussagen, sorgfältige Planung, eindeutige Argumente, Absicherung.
- Er möchte alles wohlvorbereitet und richtig machen.
- Von Partnern erwartet er Zuverlässigkeit.

Wie er behandelt werden will

- Gehen Sie auf sein Gesprächstempo ein und hören Sie zu. Überhören Sie Skepsis oder Mißtrauen.
- Zeigen Sie Verständnis und Sorgfalt. Bei Meinungsverschiedenheiten weicht er in „grundsätzlichen Erwägungen" aus. Daher praktikable Grundsätze vorschlagen.

(20) Der Pragmatiker

Sachlich, fachmännisch und **ohne Voreingenommenheit** geht der Pragmatiker an die Dinge heran. Er ist einer, der handelt. Menschen mit Realismus und pragmatischem Vorgehen benötigt man vielerorts. Der Pragmatiker ist so ein **„Mensch der Wirklichkeit"**. Er handelt nach der Devise: Was den Tatsachen und Erfahrungen entspricht, ist wahr, und nur das dient dem praktischen Nutzen.

Nüchtern und auf die Sache selbst gerichtet, ist er kein Verfechter von „Dienstordnungen", sondern ein Mann – oder eine Frau – der Tat. Auf Fakten beruhend und geschäftskundig legt er den ursächlichen Zusammenhang dar. Das ist die Basis seiner Überzeugungsfähigkeit und Selbstbehauptung.

Ein Pragmatiker, der eine Erkenntnis für wahr hält, insoweit sie für das Tun oder Leben des einzelnen oder einer Gruppe förderlich ist, **wirkt** auf manche Menschen erschreckend oder **ernüchternd**. Man ist ihm aber auch dankbar, weil er zeigt, „was Sache ist". Er visiert das in der jeweiligen Situation Mögliche an, tut das Notwendige und packt zu, sobald sich ihm eine Chance bietet.

Den Pragmatikern wird manchmal vorgeworfen, sie „drehten ihr Mäntelchen nach dem Wind", weil sie keine Prinzipien hätten oder von einer „Philosophie" oder „Ideologie" wenig beeindruckbar seien. Tatsächlich handeln Pragmatiker nach der Erkenntnis, was dem einen nützt, mag dem anderen schaden. Denn eine allgemeingültige Wahrheit gibt es nicht. Wahrhaft förderlich ist nach ihrer Überzeugung nur, was mit der Wirklichkeit übereinstimmt, also in der objektiven Wahrheit wurzelt.

Er ist der spontane oder dauerhafte Führer; „im Glied" sollte man ihn nicht verschleißen. Erkenntnis der Erkenntnis willen oder Forschungstrieb sind nicht sein Element, obwohl man das bei seinem Schaffens- und Gestaltungsdrang vermuten möchte. Es ist das **Leistungsstreben**, auch das **Streben nach Selbstverwirklichung**, was ihn in Bewegung hält. Als Verantwortlicher läßt er sich gern ins Geschirr nehmen. Solange er dran bleibt, gehen die Dinge voran. Wer ihn einsetzt, sollte ihn gewähren lassen. Wer ihm etwas „verkaufen" möchte, tut gut daran, diesem Pragmatiker helfend und dienend zur Seite zu stehen, damit er seine Ziele erreichen kann.

Kurzfassung

- Sachlich-nüchterner Mensch, dem es um den praktischen Nutzen geht. Will – und tut – das Mögliche.
- Steht auf dem Boden der Tatsachen. Bringt die Dinge voran. Handelt situativ (nicht nach Ideen oder Plänen) und will die Entscheidung.

Sein Gesprächsverhalten

- Zielgerichtet, handfest, bleibt konsequent.
- Fachlich gut orientiert, geschäftstüchtig.
- Stellt seine Meinung akzentuiert dar. Verfolgt seine Strategie.

Worauf es ihm ankommt

- Einzig und allein auf Tatsachen. (Eine organisatorische Regel oder Vorschrift ist für ihn keine Tatsache.)
- Bei seinem realistischen Blick stören ihn abstrakte Vorstellungen oder Theorien. Er will hier und jetzt handeln oder klare Verhältnisse schaffen.
- Motive: Leistungsstreben und Selbstverwirklichung.

Wie er behandelt werden will

- Er möchte, daß man ihm zuhört und jedes Wort aufnimmt. Sagen Sie ihm klar, wie Sie disponieren werden, wie die einzelnen Schritte sind. Meinungsverschiedenheiten aufklären.
- Kritik stört ihn nicht, wohl aber Belehrung. Behalten Sie Ihre Linie bei.

(21) Der Unabhängige

Als Beispiel des unabhängigen Typus können Unternehmer und manche Führungskraft gelten. Die **Bestimmtheit im Auftreten** beruht zum großen Teil darauf, daß der Betreffende **von sich selbst überzeugt** ist. Da er sich auch zu behaupten weiß und andere ihm folgen, hat er laufend die Rückmeldung, daß sein Führungsanspruch anerkannt wird. Seine **Motive sind Selbstbehauptung, der Drang, etwas bewegen zu wollen, sich in einer Sache verwirklichen zu wollen** und Dominanz.

Seine **Dominanz** ist meist mit einer guten Portion **Energie** und **Tatkraft**, aktivem Kontaktstreben und **Unkonventionalismus** gepaart. Er dirigiert Menschen, die besser als er gelernt haben, sich einzugliedern bzw. sich unterzuordnen.

Der Prozeß der Sozialisation ist scheinbar spurlos an ihm vorübergegangen. Hat er nicht gelernt, sich anzupassen, oder ist er besonders begabt, um es sich erlauben zu können, sich über Regeln hinwegzusetzen? Wahrscheinlich gilt beides. Sozialisation als entwicklungspsychologischer Prozeß, durch den jeder hindurch muß, hat den Sinn, jene Fähigkeit zu entwickeln, die für eine erfolgreiche Eingliederung in die soziale Gemeinschaft erforderlich sind. Der Unabhängige hat insoweit seine Lektion „falsch" gelernt: Er wurde bestimmt, selbstüberzeugt, hart, befehlsgebend und direktiv.

Kurzfassung

- Unabhängig von seiner beruflichen Stellung von sich überzeugt.
- Läßt sich in kein soziales oder organisatorisches Netz spannen.
- Er ist „unabhängig" und gewohnt, andere zu führen.

Sein Gesprächsverhalten

- Bestimmt, direktiv, fordernd.
- Objektive Einschätzung der Situation.
- Dabei gibt er alle notwendigen Auskünfte.
- Läßt sich auf „Vorschriften" oder ähnliche Begrenzungen nicht ein.
- Will sein Anliegen durchsetzen.

Worauf es ihm ankommt

- Unkonventionelle Durchsetzung, eindeutige Selbstbehauptung.
- Tatkräftige Auseinandersetzung, ohne aggressiv oder unfair zu werden.
- Eindeutige Planung und Durchführung.
- Streben nach Selbstverwirklichung und Führung.

Wie er behandelt werden will

- Klärung der Voraussetzungen.
- Sein unabhängiges Urteil gelten lassen.
- Realistische Prüfung der Chancen.
- Bei Meinungsverschiedenheiten oder Kritik ist er nicht beleidigt.
- Sie sollten ihm stets Kompromisse anbieten.

(22) Der Kontaktstreber

Es gibt kontaktfreudige, gesellige Menschen und **kontaktstarke Streber, die gezielt auf andere zugehen**, die „wissen, was sie wollen". Um letztere handelt es sich.

Indem sie auf andere Menschen zugehen, suchen sie primär nicht Kontakt, Partnerschaft und Freundschaft – obwohl sie diese nicht ausschließen –, sondern das Anbahnen ihrer Absicht. Sie möchten mit dem anderen ihre Ziele verwirklichen; der andere wird in ihre Ziele eingespannt.

Daher ist ihre Wirkung auf andere selten die einer sensiblen Einfühlung, sondern das eines Zupackens, eines klaren Wollens. Der andere wird „angesprochen", für die Sache „interessiert"; es werden ihm die dadurch zu gewinnenden Vorteile „klargelegt".

Motivation, Überredung und Manipulation liegen stets dicht nebeneinander. Man weiß nie genau, woran man ist. Dank des Bewußtseins der eigenen Wirkungsmacht ist das Auftreten des Kontaktstrebers bestimmt und meist auch – trotz des oft entwickelten Charmes – dominant. Er gibt auch nicht so leicht auf, **weiß** vor allem, **wie man Menschen nimmt und für seine Ziele einspannt.** Er ist Führungs- und Verkäuferpersönlichkeit in einem. Man kann sich mit ihm arrangieren.

Der Kontaktstreber hat gelernt, wie man mit Menschen umgeht. Er kennt ihre Schwächen und Stärken (natürlich auch seine eigenen) und weiß, wie man sie anpackt. Gezielt auf andere zugehen, sie ansprechen, sie für seine Sache interessieren und diese bei Wahrung ihrer Interessen zu beeinflussen, ist sein „Temperament". Dazu braucht er nicht viel Überlegung und Planung. Seine „soziale Intelligenz" sagt ihm, wie die Interessen und Absichten liegen und wie man mit Menschen umgeht.

Seine Motivation ist: Verwirklichung seiner Ziele im mitmenschlichen Rahmen; klares Wollen, Einsatz der Willensstärke; Selbstbehauptung und Dominanz; Freude, andere überzeugt, überredet oder manipuliert zu haben.

Kurzfassung

- Geht gezielt auf andere zu.
- Ist bestimmt und dominant.
- Er weiß, wie man mit Menschen umgeht.

Sein Gesprächsverhalten

- Überzeugend und motivierend. Will den anderen für seine Sache gewinnen.
- Stellt viele Fragen; steigt in die offene Diskussion ein; setzt sich mit der Sache und den Menschen auseinander.
- Ist kooperativ.

Worauf es ihm ankommt

- Verwirklichung seiner Ziele.
- Behauptung seines Standortes.
- Einsatz seiner Willensstärke, Durchsetzung.
- Das alles in partnerschaftlichem Rahmen.

Wie er behandelt werden will

- Kontakt aufnehmen und beibehalten, aber aufpassen, daß er Sie nicht überfährt.
- Will wissen, wie man die Sache anpacken wird. Versprechen Sie nicht zuviel.
- Man kann sich mit ihm arrangieren.
- Bei Meinungsverschiedenheiten machen Sie sich auf schnelle, direkte Antworten gefaßt.

(23) Der Dominante

Er ist **bestimmt in seinem Verhalten und Auftreten.** Sprache, Tonfall und Rede strahlen diese Bestimmtheit überall aus, wo es gilt, „oben zu sein". Meist spricht auch die Körpersprache mit den wesentlichen Merkmalen Körperhaltung, Gestik und Mimik die gleiche Sprache: **Er will dominieren,** jede andere Rolle in der Partnerschaft oder Gruppe; z. B. die des sich Ein- und Unterordnenden, ist ihm wenig wert.

Im Gegenteil, er braucht den ganzen Rollenkatalog vom emsigen Arbeiten, Sprechen und Argumentieren bis zum überzeugenden Zusammenfassen, damit er sich stets vollkommen auf sein Ich, nämlich die Rolle des Dominators, konzentrieren kann. **Selbstbehauptung, stets aktives Konkurrenzverhalten und deutliche Durchsetzung sind seine Lebenselemente.**

Dominanz kann man nur eine kurze Weile „spielen", wenn man kein echter Dominator ist. Gespielte Dominanz wird schnell als unecht oder als Anmaßung entlarvt. Davon zu unterscheiden ist der „Rückzug" eines sonst Dominanten vor einem noch größeren Dominator.

Dominanz wird früh erworben und – weil sie so „schön" ist – beibehalten, aber auch weil sie so viele Vorteile mit sich bringt. Sie erfordert als Gegenleistung die Mobilisierung der eigenen Kräfte. Man lasse sie dominieren, helfe ihnen, wo man kann, denn sich Unterordnenden helfen sie auch.

Dominante Personen sind den meisten Menschen unangenehm, bedeutet doch Dominanz die Forderung nach Unterordnung. Und die meisten oder zumindest viele Menschen wollen sich nicht unterordnen. Das kennen viele schon aus der Kindheit: Unterordnung ist meist mit einer Niederlage verbunden gewesen. Andererseits kam jedoch ein Mensch ohne das Erlebnis, daß man sich gelegentlich unterordnen muß, kaum je aus, und daß dies manchmal gar nicht zu schlecht ist, haben auch viele erfahren. **Dominanz, die zugehörige Sprache, der bestimmte Ton und das dahinter stehende klare Wollen bewirken Unterordnung.** Mobilisiert ein Dominator seine Kräfte, so geben viele spontan auf und schlüpfen in die bekannte Nische der Ein- und Unterordnung.

Seine Motive sind: Klares Wollen und starke Selbstbehauptung. Trieb, es mit Konkurrenten aufzunehmen, und das Bedürfnis, sich durchzusetzen. **Angst vor größerer Macht oder Dominanz eines anderen.** Unter Druck von oben wächst die Neigung, Schwächeren zu helfen, sie aufzubauen.

Kurzfassung

- Er steht „oben" und will bestimmen.
- Dominanz bedeutet die Forderung nach Unterordnung.

Sein Gesprächsverhalten

- Sprache und Tonfall strahlen Bestimmtheit aus.
- Versucht, überzeugend zu argumentieren. Klares Wollen.
- Eindeutiges Selbstverständnis.
- Versucht, durch Angriffslust einzuschüchtern.

Worauf es ihm ankommt

- Er will dominieren, bestimmen und ist zufrieden, wenn der andere sich unterordnet.
- Bedürfnis, Tadel an seiner Person zu vermeiden.

Wie er behandelt werden will

- Respektvoll.
- Lassen Sie ihn dominieren, wo er das Sagen hat. Machen Sie ihm die Möglichkeiten aber klar. Er versteht, daß es Zuständigkeiten und Vorschriften geben muß.
- Lassen Sie sich nicht einschüchtern. Präzise Antworten und eine laute Stimme können helfen.

(24) Der Machtmensch

Er ist der Herrscher, durch Machtgier oder gar Machtbesessenheit gekennzeichnet. Wir treffen ihn in fast allen Organisationen an der Spitze oder auf dem Weg dorthin, am häufigsten jedoch in der Politik.

Der Machtmensch bejaht sich und sein Wesen. Er **verlangt** von den anderen **Gehorsam** und will, daß sie sich seinen Meinungen und Anordnungen fügen. Oft ist er eine gebieterische Erscheinung, oder er verdankt seine Macht der physischen Stärke oder Körpergröße.

Machtmenschen sind tatkräftige Persönlichkeiten, die sich die Unterwerfung anderer mittels Überordnung und Überzeugung schaffen. Sie können ihre Gedanken mit zwingender Eloquenz und Beharrlichkeit vortragen. Hinzu kommen meist Scharfsinn, Intelligenz und Charme, gelegentlich auch feierliches Gehabe.

Grundlage ihres Erfolges ist jedoch die **Vermittlung des Eindrucks der Rechtschaffenheit und Glaubwürdigkeit** und, wo opportun, bringen sie auch entsprechende „Beweise" dafür. Im übrigen setzen sie auf **Manipulation,** wobei sie das Wollen und die Meinung des jeweiligen Publikums geschickt für ihre Ziele ausnutzen.

Wissen ist ihnen **Macht,** ein Mittel zur Herrschaft, und vielerorts ist Macht erforderlich, weil andere „Mächtige" die Konkurrenten sind. Die Durchsetzung unternehmens- oder marktpolitischer Ziele bedarf entsprechender Autorität oder Macht.

Machtstreben kann entstanden sein als Reaktion auf die Erfahrung der Machtlosigkeit und Unterlegenheit des Kindes in der Familie. Aber auch die frühe Erfahrung, daß Eltern sich von ihren Kindern tyrannisieren lassen, kann den Ausschlag gegeben haben, Machtgelüste zu entwickeln und zu pflegen. Doch ist der Machtmensch so rechtschaffen, wie er gerne tut? Und ist er glaubwürdig? **Er ist ein Manipulator.** Er setzt alle Mittel ein, sofern es ihm opportun erscheint. Die Skala reicht von der pathetisch heraufgespielten Wahrheit bis hin zur kalkulierten robusten Lüge.

Damit muß man rechnen und umgehen können. Man kann sich vor ihm klein machen, dann hat er ein leichtes Spiel. Als Verkäufer kommt man mit Klugheit auf seine Kosten. Als Vorgesetzter wird man seine Macht begrenzen wollen. Sie muß durch Kompetenz und Leistung abgedeckt sein.

Kurzfassung

- Gebieterisch stellt er seine tatkräftige Persönlichkeit in den Vordergrund.
- Er will andere unterwerfen und ist sehr beharrlich.
- Von sich überzeugt, verlangt er Gehorsam.
- Will herrschen und beherrschen.

Sein Gesprächsverhalten

- Sehr beredt.
- Setzt alle seine Mittel ein: Wissen, Überzeugung, Scharfsinn und Manipulation, je nachdem, was ihm opportun erscheint.

Worauf es ihm ankommt

- Macht und Herrschaft, Selbstbehauptung und Durchsetzung, Kontrolle über andere.
- Will alle „nach seiner Pfeife tanzen" lassen.
- Streben nach Geltung und Macht.
- Rachsucht, Hang zu Gegenmaßnahmen.

Wie er behandelt werden will

- Am liebsten wie ein Herrscher. Doch tun Sie ihm diesen Gefallen nicht.
- Achten Sie sein Prestige, seine berechtigten Anliegen. Machen Sie ihm aber klar, daß Sie, Ihre Firma, die Dienststelle oder das Amt eigene Kompetenzbereiche und Pflichten haben, die zu beachten sind.

(25) Die Emanzipierte

Neu unter den „Männern" ist die emanzipierte Frau. Ihre **Selbstverwirklichung** findet nicht mehr im „lebendigen Widerhall ihres Seins und Daseins füreinander oder im Leben anderer" statt, wie das noch Philipp Lersch fand, sondern in einem Objekt. Das kann eine **eigenständige Aufgabe** sein, eine bestimmte Leistung oder ein eigenes Werk: Gemeint ist wohlgemerkt nicht die „Emanze", dieses karikaturhafte Gegenstück zum „Macho", sondern die „Befreite", die emanzipierte Frau.

Die Emanzipation als Befreiung aus einem Zustand der Abhängigkeit oder Einschränkung der persönlichen Entfaltung geht unangefochten ihren Weg; die emanzipatorischen Bestrebungen sind voll im Gang. Die Frau macht sich selbständig, befreit sich aus Abhängigkeiten, ist daraus eigentlich längst entlassen. Mehr noch, sie ist emanzipiert, d. h. selbständig und vorurteilslos.

Das **Erleben** ist bei der emanzipierten Frau wie beim Mann: **Ich bin ich, und mein Tun ist ein Zeichen der Individuation**, d. h. ich selbst handle, ohne die Anleitung oder Fürsorge eines Mannes. Das Für-sich-Sein, das Erleben der Abgetrenntheit von der Familie und denen daheim, kennt sie nun selbst, und sie versteht es „wie der Mann", zwischen der weiblich-subjektiven und männlich-objektiven Auffassung zu unterscheiden und sich geschickt in der letzteren zu zeigen.

Die emanzipierte Frau gleicht den Rollenunterschied „Mann" und „Frau" aus, indem sie ihn nicht mehr zur Kenntnis nimmt. Dabei lehnt sie den kleinen Vorzug, den es bedeutet, (auch) eine Frau zu sein, meist nicht ab. Im übrigen verhält sie sich wie selbstverständlich gleichberechtigt. Da sie im Unternehmen an traditionelle Schranken stößt, macht sie ihre eigenen auf. – Zu betonen ist das nach Unabhängigkeit strebende Wesen, nicht dieser oder jener – männlich oder weiblich – anmutende Wesenszug. **Das bedingt** in der Führung **Achtung der Selbständigkeit und Eigenverantwortung**. (Im Verkaufsprozeß darf man sich von ihr getrost führen lassen. Sie erreicht, was sie will.)

Kurzfassung

- Selbständig im Denken und Handeln.
- Betont „gleichberechtigt", wiewohl sie gern den Mann dominiert.
- Lehnt Rolle des „Heimchens" ab, schafft Eigenes.
- Geht mit dem Trend – meist vorne weg.
- Kämpferisch und klug.

Ihr Gesprächsverhalten

- Forderndes Auftreten, meist mit lauter, voluminöser Stimme.
- Wischt den Unterschied Mann – Frau beiseite.
- Bei ihrem Engagement zieht sie alle Register.

Worauf es ihr ankommt

- Achtung, Beachtung und Dominanz.
- Selbstbehauptung sowohl in der Gesellschaft als auch als Fachfrau oder Unternehmerin.
- Oft nimmt sie sich zuviel vor oder will alles auf einmal erreichen.
- Freiheitsdrang, Konkurrenzverhalten.

Wie sie behandelt werden will

- Achten Sie ihre Selbständigkeit und Eigenverantwortung.
- Seien Sie sachlich-konstruktiv.
- Sie schätzt kooperatives Verhalten.
- Wenn sie das Richtige will, können Sie sich auch von ihr führen lassen.
- Sie dürfen sich von ihr beeindruckt zeigen, verzichten Sie aber darauf, „charmant" zu sein.

(26) Der Manager

Aufgabe des Managers ist es, Ziele festzulegen, Mittel und Arbeitspotential wirtschaftlich optimal einzusetzen, sich durch Befreiung vom Detail auf die eigentlichen Führungsaufgaben zu konzentrieren. Der Manager ist in seinem Element, wenn er Pläne aufstellt, Verfahrensordnungen festlegt, Ergebnisse kontrolliert, Abweichungen und die dafür verantwortlichen Gründe erkennen, die Ursachen bewerten, korrigierende Aktionen einleiten, Dienstaufsicht und Kontrolle ausüben kann. **Er ist ein Planer und Macher.**

Er soll die Unternehmenspolitik wirksam umsetzen, Kosten, vor allem Verwaltungskosten, reduzieren, Leistung und Erträge steigern, die Zusammenarbeit und das Betriebsklima verbessern. Er soll ein guter Organisator sein und stets zum richtigen Zeitpunkt die richtige Aktion auslösen. **Er soll ... er muß ... er will ... Er hängt voll im Geschirr.** Und er hat das gern. Denn nur, wenn er Erfolg hat, bleibt er auch Manager.

Das Leitbild des Managers scheint aus der Managementlehre entlehnt: Ein Manager ist nicht an seiner Persönlichkeit zu messen, sondern an dem, was er tut, d. h. daran, ob er in jeder Situation das Notwendige und Zweckmäßige tut. Daß er dabei Methoden des wissenschaftlichen Managements anwendet, ist selbstverständlich Voraussetzung. Eine definierbare „Führungspersönlichkeit" hat er nicht, er ist ganz „Funktion", **ein Funktionierer im System.** Man möchte meinen, daß eine damit verbundene Entpersönlichung abschrecken sollte, Manager zu werden oder zu sein. Es gibt jedoch zunehmend **Menschen, die im Management aufgehen und dabei volle persönliche Befriedigung finden.** Sie sind davon überzeugt, daß es gar nicht anders geht. Ihre Werthaltung stimmt mit dem, was ein Manager ist, was er tut und woran er gemessen wird, vollkommen überein.

Das Geheimnis des erfolgreichen Managers ist, daß seine Motivation, eine sehr starke und differenzierte Motivation, sozusagen von allein für Antrieb, Aktivität, Einsatz und Bedürfnisbefriedigung sorgt.

Manager muß man nehmen, wie sie sind. **Je mehr man sich ihnen in Gedanken und Emotionen nähert, desto schneller wird man ihr Partner.**

Kurzfassung

- Er ist kein stiller Platzhalter, sondern ein Planer und Macher, sozusagen identisch mit seiner Aufgabe, die er trotz allen Wechsels von Lust und Unlust, Erfolg und Mißerfolg aktiv und stark motiviert betreibt.

Sein Gesprächsverhalten

- Offen, aktiv, konzentriert, auf Wesentliches und Brauchbares aus.
- Zeit ist Geld.
- Meist ist er Gesprächsführer und Entscheider.

Worauf es ihm ankommt

- Zwar steht die sachliche Aufgabe im Vordergrund. Sein Einsatz für diese läßt aber starke Motivation erkennen: Leistungsstreben, Ehrgeiz, Selbstbehauptung, Macht und Selbstverwirklichung.
- Jede Aufgabe, jede Situation erklärt sich aus diesem Hintergrund.

Wie er behandelt werden will

- Nach einem kurzen Höflichkeitszeremoniell sollten Sie bald zum Thema kommen.
- Zum Kernpunkt führende Informationen dürfen Sie vorwegnehmen.
- In der Sache präzise, in der Anwendung betriebsbezogen argumentieren.
- Sie können sich von seinem Schwung anstecken lassen.

Zusammenfassung

Die hier geschilderten Persönlichkeiten haben in der Regel eine deutliche oder gar starke Ausstrahlung. Da aber das Aussehen einer Person keine geeignete Grundlage für die Abgabe von Persönlichkeitsbeurteilungen ist – es enthält kaum relevante Informationen –, sollte um so stärker auf Struktur und Inventar der Persönlichkeit geachtet werden. Je mehr Sie sich an einen Typus anlehnen können, um so sicherer wird Ihr Urteil.

Gewisse Ähnlichkeiten und teilweise übereinstimmende Strukturmerkmale gibt es zwischen folgenden, in zwei Gruppen eingeteilte Persönlichkeitstypen:

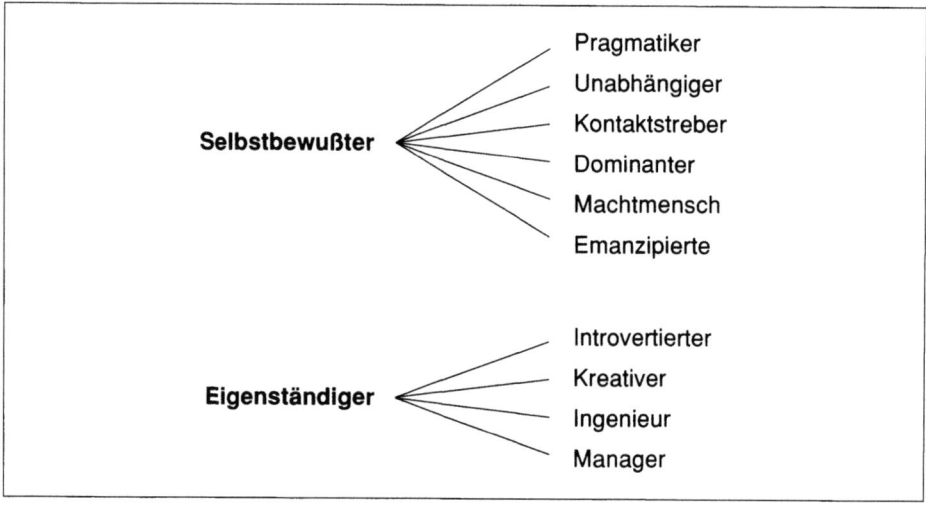

7. Komplizierte, kompensierende und individualistische Typen

Diese Gruppe umfaßt insbesondere die sogenannten oder so erlebten „schwierigen" Menschen. Das Problem ist deren seelische Unausgeglichenheit. Es sind komplizierte, individualistische oder ichbezogene Menschen, die sich in den jeweiligen Rahmen nur schwer fügen oder diesen zu beherrschen trachten. Selbstbehauptung ist ihnen ein ständiges Bedürfnis. Aufgrund des komplizierten seelischen Kräftespiels gelingt ihnen dies nur durch besondere Anstrengung. Wollen und Können fallen auseinander.

(27) Der Außenseiter

Es gibt ihn in mancherlei Form. Typisch aber ist, daß er außerhalb der Gruppe steht. Er ist ganz auf **Rückzug eingestellt** und glaubt, weder durch fremde Hilfe noch durch Selbsthilfe zur Erfüllung seiner Wünsche zu gelangen.

Seine Versuche, sich durchzusetzen, scheitern an seinen körperlichen oder geistigen Unzulänglichkeiten, die echt oder eingebildet sein mögen, und an seiner geringen Willenskraft.

Er ist **in sich verhärtet**. Ihm bleibt, wie er glaubt, nichts anderes übrig, als zu verzichten. Wenn er allen Wünschen von Grund auf entsagt, kann er keine Enttäuschung erleben und trotz innerer Anmut glücklich sein.

Anderen gilt er daher als unbeholfen, dickfellig, faul oder dumm. **Hinter seiner Maske von Uninteressiertheit** oder Stumpfsinn **verbirgt sich** jedoch **Reizbarkeit und Empfindlichkeit**, ein äußerst sensibler Kern. Er kann „leiden" und sich trösten: Ich bin einer, dem keiner kann. Meist hält er durch, bis anderen die Mittel versagen, und bleibt Sieger. Sein Durchhaltevermögen und seine Leidensfähigkeit sind hoch.

Der Außenseiter **steht nahe beim Einzelgänger**, ist es aber eigentlich nicht, es sei denn, daß er zu den seltenen Exemplaren der vollends verhärteten Menschen gehört. **Er ist ansprechbar, auch wenn er sich schnell wieder in sich zurückzieht**, weil er nicht daran glaubt, daß man es wirklich gut mit ihm meint. Seine Selbstachtung ist von spröder Art, sein Selbstvertrauen ist zu schwach. So kann **kein gesundes Selbstwertgefühl** aufkommen. Was er braucht, ist Anerkennung und Wertschätzung durch einen Menschen.

Der Weg zu ihm führt über das Vertrauen. Der Vorgesetzte kann es ihm geben. Gelingt es ihm, auch den Menschen zu schätzen, sind auch seine Reaktionen positiv.

Kurzfassung

- Er steht allein, ein „Mauerblümchen" mit seelischen Schwierigkeiten.
- Ichbezogen, geht eigene Wege, vertraut fremder Hilfe nicht.
- Ist unbeholfen und durchsetzungsschwach.
- Aus innerer Unsicherheit resultiert seine Empfindlichkeit.

Sein Gesprächsverhalten

- Nimmt selten von sich aus das Gespräch auf.
- Spricht kompliziert.
- „Angst vor der eigenen Courage", verzichtet schnell.
- Spricht mehr in Andeutungen als in konkreten Äußerungen.

Worauf es ihm ankommt

- Verständnis und Vertrauen.
- Will das Gefühl haben, daß man es gut mit ihm meint und auch dem „Mauerblümchen" eine Chance gibt.
- Bedürfnis, Tadel zu vermeiden.

Wie er behandelt werden will

- Eigentlich hat er einen sensiblen Kern. Daher bei Meinungsverschiedenheiten: seine Verärgerung oder sein Schuldgefühl wohlwollend überbrücken. Er will ermutigt werden.

(28) Der Ängstliche

Angst hat jeder, aber die Frage ist: Wieviel? **Beim Ängstlichen** ist es das **Haupt-merkmal**. Das bange Gefühl, „es könnte gleich passieren", und die Furcht vor bestimmten Ereignissen erhöhen bei ihm den Puls und die Atemfrequenz. Es kommt zu erhöhtem Blutdruck, Schwitzen der Handflächen, Erweiterung der Pupillen. – Angst als Affekt oder Gestimmtheit hat bei ihm ihre Ursache in der wirklichen oder vermeintlichen Gefährdung des Lebens. Man stelle sich ein Erle-ben sich verändernder Mischungen von Ungewißheit, Erregung und Furcht vor. Das ist im „Angstfalle" seine innere Gestimmtheit.

Bei näherem Hinsehen merkt man die **geringe emotionale Stabilität**, die **Schüchternheit** und **Beklemmung**. Die leiblich-seelischen Lebensbedingungen sich wenig kraftvoll, die Belastbarkeit ist gering.

Unausgetragene Konflikte und daher rührende Schuldneigung führen bei ihm leicht zu Mißtrauen, innerer Unruhe, Mißempfindungen und Herzklopfen. Die allgemeine **nervöse Spannung** ist dann hoch.

Ein Ängstlicher will eingebettet sein in ein festes Reglement. Er **sucht Schutz und Geborgenheit** in der Gruppe. Daß solche Menschen ein schwaches aktives Kontaktstreben entwickeln und meist auch nur eine geringe Selbstkontrolle besit-zen, ist ein weiteres Handicap. Da die Angst unabhängig von Wissen und Können ist, sollte der Einsatz dort erfolgen, wo die Anforderungen des Umfeldes gering sind.

Ängstliche lassen sich gern führen, als Mitarbeiter ebenso wie als Kunde.

Kurzfassung

- Er ist ängstlicher als andere, schüchtern und emotional nicht stabil.
- Der ängstliche Mensch sucht Schutz und Sicherheit.
- Ungewißheit, Erregung und Furcht können ihn arg beuteln.

Sein Gesprächsverhalten

- Tut sich schwer in der Kontaktaufnahme.
- Ängstlicher Tonfall.
- Innere Unruhe und Nervosität sind spürbar.
- Fragt nach der sicheren Lösung seines Problems.

Worauf es ihm ankommt

- Man möge sich seiner und seines Problems annehmen.
- Bei geringer Belastbarkeit kann er Konflikte nicht verkraften, sucht daher bei Ihnen Schutz und Geborgenheit.
- Erwartet Klarheit und feste Regeln, die ihm Sicherheit geben.

Wie er behandelt werden will

- Er braucht Mut und Ihre Unterstützung.
- Als Ängstlicher läßt er sich gern von Ihnen führen.
- Bei Meinungsverschiedenheiten oder Kritik wird er hilflos.
- Da er sich sachlich nicht verteidigen kann, greift er schon mal aus Angst an.
- Beruhigen, beschwichtigen, zeigen, wie es weitergehen kann.

(29) Der Feinfühlige (Sensible)

Empfindsamkeit und die **leichte Ansprechbarkeit des Gefühls** sind die hervorstechendsten Merkmale. Feinbesaitete Menschen wirken besonders zart und empfindlich. – Für Außeneinflüsse ist der Feinfühlige in hohem Maße ansprechbar. Während robustere und härtere Menschen noch „gar nichts" empfinden, reagiert er bereits sensibel wie ein Seismograph bei stärkeren Beben.

Empfindsamkeit, nicht Empfindlichkeit, ist seine hervortretende Eigenschaft. Da er oft von überempfindlicher Eindrucksfähigkeit für Erlebnisreize ist, ist sein Wohlbefinden leicht zu beeinträchtigen. Bei starker Gefühlsansprechbarkeit gestaltet sich bei ihm die sachlich-nüchterne Beherrschung der Situation als schwierig.

Manchmal trifft man bei diesem Typ auf **mimosenhafte Empfindlichkeit**. Das ist aber kein fester Bestandteil des Charakters. Feinfühligkeit ist vielmehr ein komplexes Phänomen. In ihr vereinigen sich Phantasie und Träumerei mit Sentimentalität und **Weichheit**, **Zartheit** des Empfindens mit dem fordernden und ungeduldigen Wesen eines Kindes. Aber auch hohe Sensibilität für Musik, Kunst, Lyrik oder die Wahrnehmung feiner Nuancen gehören dazu.

Beim reifen Menschen werden die sensiblen Vorgänge in der Psyche als reiche Quelle des Erlebens bewußt auf die Verstandesebene gelenkt und dort zu subtilen Gedanken verarbeitet.

Sensible brauchen eine schützende Umgebung, gutes Klima und eine einfühlsame Führung. Dann können sie ihre besonderen Fähigkeiten auf einem adäquaten Arbeitsgebiet voll entfalten.

Kurzfassung

• Der feinfühlige oder sensible Mensch, zart und empfindlich, ist leicht zu beeindrucken.
• Sei Wohlbefinden kann schon durch Kleinigkeiten beeinträchtigt werden.

Sein Gesprächsverhalten

• Feine, zarte Stimme, meist hohe Tonlage. Sensibel auf Vorgänge und Begleitum-
stände eingehend, erscheint bei ihm vieles durch die Lupe vergrößert und drama-
tisiert.

Worauf es ihm ankommt

• Der Gesprächspartner möge seine Empfindsamkeit teilen und die Dinge so
sehen, wie er sie empfindet, ihn dabei ernst nehmen und schützen.
• Möchte nicht, daß seine Sensibilität als Schwäche eingestuft wird.

Wie er behandelt werden will

• Einfühlsam, in Ton und Stimme zurückhaltend.
• Da er sensibel wie ein Seismograph auf alles reagiert, sollten Sie heikle Wörter
vermeiden.
• Bei Meinungsverschiedenheiten helfen sachliche Klärung und Vernunft.

(30) Der Individualist

Er wird **auch** als **Einzelgänger**, Einspänner, Einsiedler oder Sonderling bezeichnet. Er ist besonders geartet, „einmalig" und übt gegenüber der Gemeinschaft betonte Zurückhaltung. **Von allgemein gültigen Normen hält er nicht viel.** Was alle tun, tut er erst recht nicht. Demonstrativ entfaltet er von kollektiven Normen unabhängige Verhaltensweisen. **Die Vertretung der eigenen Interessen steht im Vordergrund.** Gruppen, Firma, Institutionen und der Staat sind nur Mittel zu seiner Entfaltung.

Der Individualist vertritt eine den Einzelmenschen hervorhebende Auffassung, die **Überordnung des einzelnen über die Gemeinschaft.** Wer kann auf Dauer mit der Neigung des Individualisten, nur dem Individuum eigentlich Wirklichkeit zuzuschreiben, leben? Denn wo das Individuum Grundlage aller Werte, ja die alleinige Quelle der Erscheinungen des gesellschaftlichen Lebens ist, hört das Miteinander auf. Der Individualist wird zum Sonderling.

Es gibt viele – durchaus wertvolle – Menschen, deren **Einstellungen im Widerspruch zu den bürokratischen Ansprüchen** stehen, die ein Unternehmen stellt. Ansprüche auf Loyalität, Einhaltung von Vorschriften, Anpassungsbereitschaft, insgesamt also Ein- und Unterordnung müssen wohl bis zu einem gewissen Grade sein. Aber ichbezogen, empfindsam und schöpferisch im Erfinden eigener „Rechtspositionen", wie der Individualist ist, **erwartet** er eine den betrieblichen Alltag bei weitem **übersteigende Anerkennung seiner Person.**

Den Kern solcher Verhaltens- und Reaktionsweisen bildet eine unabhängige, selbstherrliche Beschäftigung mit der eigenen Person. Ereignisse und Maßnahmen von Firmenleitungen, vorgesetzten Stellen und Verkaufspersonal werden stets mit Bezug auf die eigene Person beurteilt. **In seiner Ichbezogenheit will er ernst genommen und bestätigt werden.** Sie können dies gefahrlos tun, denn dann akzeptiert er auch Ihren Vorschlag oder Rat. Bei Meinungsverschiedenheiten soll man daran denken, daß „er immer recht hat".

Kurzfassung

- Ich-Mensch, nicht Mit-Mensch, der seine vermeintliche Unabhängigkeit gewahrt wissen möchte.
- Überbetonung des eigenen Ich, das Übliche und allgemein Gültige interessiert ihn nicht.
- Nimmt alles persönlich.

Sein Gesprächsverhalten

- Pointiert: das Wörtchen „Ich" kommt häufig vor.
- Ereignisse und Maßnahmen beurteilt er stets mit Bezug auf die eigene Person.
- Die Vertretung der eigenen Interessen steht im Vordergrund.

Worauf es ihm ankommt

- Auf seinen Standpunkt und seine Person, die er über die Gemeinschaft hinaushebt.
- Er will keine Nummer sein, irgendwo in Listen eingeordnet werden.
- Vorschriften interessieren ihn nicht.

Wie er behandelt werden will

- In seiner überbetonten Ichbezogenheit will er ernst genommen und bestätigt werden. Sie können dies gefahrlos tun, denn dann akzeptiert er auch Ihren Vorschlag oder Rat.
- Bei Meinungsverschiedenheiten sollten Sie daran denken, daß „er immer recht hat".
- Manche Aufgabe steht ihm gut zu Gesicht. Diese sollte man ihm geben.

(31) Der Problematische

Im Unternehmen zählt er zu den „schwierigen" Mitarbeitern, als Kunde ist er gefürchtet. **Hervorstechendes Merkmal ist seine Egozentrik.**

Was Ein- und Unterordnung anbelangt, tut er widerwillig nur das Notwendige. Er will aber auch nicht vorankommen und schon gar nicht herrschen. Denn „dann mußt du dich auch unterordnen, anpassen und konform gehen", sagt er sich. **Die „Anpasser" und „Aufsteiger" beäugt er mit Skepsis**, nennt sie „Radfahrer".

Andererseits kann man von ihm nicht sagen, daß er in seiner Arbeit nur einen Job sieht. Er möchte schon gerne mehr tun, als unbedingt notwendig ist, um seinen Arbeitsplatz zu erhalten, aber nicht auf Kosten einer seinem Wertgefühl widersprechenden Verhaltensweise. **Er ist gegen den organisierten und rationell gesteuerten Betrieb:** „Da ist man nur eine Nummer", „alles wird bürokratisch gehandhabt", „starre Regeln für Kompetenzen", „Begrenzung der Entfaltungsmöglichkeiten des Individuums" usw.

Dem, was allgemein als gültig anerkannt wird, steht er skeptisch gegenüber. Er mokiert sich über all diejenigen, die bestätigt werden wollen, indem sie die Vorschriften erfüllen, pünktlich, fleißig und arbeitsam sind, um so vielleicht voranzukommen. **Er respektiert** auch keine Autorität – **nur die Leistung und den individuellen Erfolg.**

Zwischen dem Ziel und Streben, sich selbst zu verwirklichen, und der Abneigung gegen alles, was Vorschrift, Bürokratie und Zwang zur Einordnung ist, schwankt er hin und her (Ambivalenz).

Die Egozentrik, einer seiner Wesenszüge, ist durch die geänderten Erziehungsziele und -methoden gewollt oder ungewollt gefördert worden. Nun haben wir ihn, den **unangepaßten Typus, der nicht ein und untergeordnet werden will**, dem Bürokratie gegen den Strich geht, sein Wertgefühl beleidigt und ihn in seinem Selbstwertgefühl frustriert.

Er ist nicht arbeitsscheu, will schon etwas leisten und durchaus auch persönlichen Erfolg haben, doch Menschenwürde schätzt er höher als möglicherweise erreichbare Positionen.

Kurzfassung

- Er erscheint anderen kompliziert angelegt und daher problematisch.
- Er steht sich aber auch selbst im Weg, weil er es schwer hat, nur nach seinen Idealen zu leben und dennoch im betrieblichen Erfolgsstreben mitzuhalten.
- Begabter Egozentriker.

Sein Gesprächsverhalten

- Fremden gegenüber äußert er seine Meinung nur zögernd.
- Fühlt er sich verstanden, prüft er einen Vorschlag sorgfältig. Dabei fragt er nach dem Sinn oder Wert. Gegebenenfalls nimmt er auch Herausforderungen an.
- Auf Kritik und Meinungsverschiedenheiten reagiert er skeptisch und reserviert.

Worauf es ihm ankommt

- Beachtung und Achtung seiner Persönlichkeit. Unabhängig von der Position, die er innehat, möchte er er selbst sein und sich als Individuum verwirklichen.
- Distanzierungsstreben; Drang nach Selbständigkeit.

Wie er behandelt werden will

- Keine Routine, sondern persönliche Behandlung.
- Das Besondere in seinem Auftreten und Verhalten für richtig befinden.
- In Richtung seiner Egozentrik argumentieren, das, was er will, bestärken.
- Halten Sie organisatorische und bürokratische Anforderungen von ihm fern, soweit das möglich ist.

(32) Der Geltungsbedürftige

Geltungsdrang oder gar **Geltungssucht** ist eine meist als unangenehm empfundene Eigenschaft eines anderen. Wer selbst geltungsbedürftig ist, merkt es nicht, sieht es nicht oder benennt es anders: zum Beispiel Ehrgeiz oder Strebsamkeit.

Wer geltungsbedürftig ist, stellt sich gern in den Vordergrund, zeigt wer oder was er ist. Er beansprucht eben Geltung. **Sein Auftreten kann geschickt getarnt sein**, jedenfalls stellt er die eigene Person so hin, daß sie als etwas Besonderes erscheint. Es geht ihm um Geltung, **Ansehen, Einfluß, Durchsetzung**. Er kann liebenswürdig, prahlerisch oder hart fordernd sein.

In Geltung sein, „in" sein, von Bedeutung sein, Gewicht haben, das ist es, was ihn antreibt. **Angesehen zu werden ist sein Ziel.** Der innere Antrieb dazu ist offenbar zu stark, um sich dabei noch einer korrekten, ruhig-gleichmäßigen Verhaltensweise zu befleißigen. Er **hungert nach Bestätigung.** Um sie zu erlangen, setzt er alle ihm zur Verfügung stehenden Mittel ein, **auch Leistung**. Der positive Geltungsbedürftige brilliert nämlich gern durch seine besondere Leistung.

Es sind **Minderwertigkeits- oder Unzulänglichkeitsgefühle**, die er auf diese Weise zu überwinden sucht. Unbefriedigter Geltungsanspruch verstärkt das Streben nach Anerkennung und Geltung, befriedigter mildert es. Der Geltungsbedürftige reagiert empfindlich auf wirkliche oder vermeintliche Kritik. An passender Stelle zahlt er es demjenigen heim, der ihn scheinbar erniedrigen oder kränken wollte. **Den Frontalangriff wagt er** jedoch **selten**.

Wie sollte man ihm begegnen? Die Einordnung ist schwierig. Irgendwie ragt sein Bild aus dem ihm zustehenden Rahmen. Die mitmenschlichen **Beziehungen in der Gruppe sind beunruhigend und gespannt**. Gelegentlich kommt es auch zu Entladungen. Belehrungen und Ermahnung helfen nicht. Leichter ist es, die Position herauszufinden, die er als Auszeichnung empfindet, das Beleuchten der eigenen Sonne, die die anderen in den Schatten stellen soll. Das will er. **Er ist der Maßstab für andere.** So sehr er die anderen braucht, schaut er gelegentlich auf sie herab.

Kurzfassung

- Er stellt sich in den Vordergrund, sucht Beachtung und Bestätigung.
- Um Minderwertigkeitsgefühle zu kompensieren, sucht er ständig nach Geltung.
- Will andere in seinen Schatten stellen.

Sein Gesprächsverhalten

- Aufmerksamkeit heischend, scheinbar korrekt und ruhig, jedoch forciert sicheres Auftreten.
- Wählt gern eine aggressive Argumentation: „Das weiß ich besser!"
- Spielt seine persönliche oder soziale Geltung aus.

Worauf es ihm ankommt

- Er will eine „wichtige Person" sein und ist auf Anerkennung aus. Dabei geht es ihm weniger um die Sache als um seine Person.
- Will Aufgaben, die seine Bedeutung erhöhen.

Wie er behandelt werden will

- Schonend, achtend und beachtend.
- Da er Kritik nicht vertragen kann, sollte er stets recht behalten, wo er recht hat. Seinen Mangel an Einsicht sollten Sie überhören, ebenso seinen gelegentlichen Mangel an Sorgfalt und Verantwortungsbewußtsein.
- Achtung: Meiden Sie alles, was sein Minderwertigkeitsgefühl berühren könnte!

(33) Der Statusbewußte

Wer bin ich? Was bin ich geworden? Das sind für den Statusbewußten zwei wichtige Fragen. Als Status-Indikatoren dienen **Beruf, Ausbildungsniveau** und **Einkommen**, aber erst die Statussymbole, die eine soziale Schichtung entlang einer „Höher-tiefer-Linie" markieren, machen ihn zu dem, als was er uns erscheint.

Wer er ist, macht er bei der ersten sich bietenden Gelegenheit deutlich. Er kann aber auch abwarten, bis die Gelegenheit dazu für ihn günstig ist. **Die anderen sollen seinen Status**, der mit Rechten (sicher auch Pflichten), Machtbefugnissen und Prestige verbunden ist, **kennen und anerkennen**. Der Vergleich mit anderen in einem bestimmten sozialen System („da und da bin ich der und der"), das Aufsteigen in der Hierarchie, die erlangte hierarchische Position, das Sich-Messen mit anderen Vergleichbaren sind seine Antriebskräfte. Dabei kann er ganze Ebenen, die „unter ihm" sind, vollkommen vernachlässigen oder negieren. Mit „Geringeren" will er sich nicht messen. Mit „Höheren" steht er in Buhlschaft oder im negativen Vergleich („der hat eine ganze Menge Schwächen"). Glaubt er, daß ihm ein Höherer helfen kann, an Position oder Prestige zu gewinnen, wird dieser umschmeichelt.

Wettbewerb und Konkurrenz bestimmen sein Denken und Verhalten. Die Zielrichtung ist klar: Der andere darf mich nicht aus der Position drängen oder gar überholen. – Da für beides neben dem Geschick der Manipulation auch Leistung Voraussetzung ist, läßt er sich in letzterer Beziehung nichts vorwerfen: Er erfüllt nicht nur seine Aufgabe „vorbildlich", er weiß auch stets um die Ziele und Wünsche bzw. Taktiken anderer und natürlich der Vorgesetzten Bescheid. **Ihm zu helfen, seinen Status zu zeigen** und, wenn möglich, Schritte zu empfehlen, die nach oben führen, **stimmen ihn positiv**.

Kurzfassung

- Position, Rang und Status sind ihm das Wichtigste. („Wissen Sie nicht, wer ich bin?!")
- Er ist auch ein meisterhafter Taktiker.

Sein Gesprächsverhalten

- Bedeutungsvoll, förmlich, geziert.
- Gibt seine Position zu erkennen.
- Von da aus erhalten auch Sachen ihre Bedeutung.
- Er ist geschickt im Formulieren und Taktieren.

Worauf es ihm ankommt

- Oben sein, oben bleiben, seine Stellung halten.
- Erwartet Respekt gegenüber seiner Position.
- Läßt sich auf Vergleiche mit anderen in ähnlicher Lage nicht ein.
- Erwartet eine „Sonderbehandlung".

Wie er behandelt werden will

- Entsprechend seinem Status und ein bißchen mehr.
- Sagen Sie ihm Kooperationsbereitschaft zu, und umgehen Sie jede Meinungsverschiedenheit. (Denn da er meint, in allem vorbildlich zu sein, kann also nur beim anderen etwas nicht in Ordnung sein.)
- Stellen Sie Ihre Erwartungen eindeutig dar, argumentieren Sie entsprechend. Er wird das respektieren.

(34) Der Darstellungsbedürftige

Er ist zu unterscheiden vom Geltungsbedürftigen und dem Statusbewußten. Er ist auch wieder anders als der Star. **Die darstellerische Geste ist das Hauptmerkmal.** Es fällt ihm als extrovertiertem Menschen leicht, das durch Gesten und mimischen Ausdruck zu unterstreichen, was er sagt bzw. meint. Er ähnelt darin dem Südländer, wenn er uns vorführt, was sich durch Gesten und Gebärden alles andeuten oder dramatisieren läßt. **Er verhält sich bewußt expressiv, weil er von seiner Persönlichkeit alles auch zur Schau stellen möchte.** Er ist ein guter Rhetoriker.

Bei starker Ausprägung des Typus schwingt in der Selbstdarstellung die Gesamtheit der Erlebnisinhalte mit, welche die eigene Person zum Gegenstand hat. Motive, die auf die eigene Person gerichtet sind, wie **Eigenliebe**, aber auch **Streben nach Ansehen und Einfluß**, werden hinter dem (ernst gemeinten) vordergründigen Schauspiel sichtbar. Man nimmt sie ihm aber nicht übel, weil er sein Umfeld an Gedanken und Gefühlen teilhaben läßt und recht unterhaltsam ist.

Der „Wert" der Persönlichkeit wird von seinen Zuschauern und Bewunderern weniger hoch eingestuft. Es fehlt ihm nicht an Glaubwürdigkeit, sondern an geistig-seelischem Tiefgang.

Selbstdarstellung, d. h. das Bedürfnis, auf sich aufmerksam zu machen, ist weit verbreitet. Nur: Der Darstellungsbedürftige übertreibt es – und stößt damit andere, die darin zurückhaltender sind, vor den Kopf. Für sozial angepaßte Menschen gehört es sich nicht, sich in Positur zu werfen und seine Persönlichkeit sozusagen zur Schau zu stellen. Der Darstellungsbedürftige aber tut es.

Antrieb seines Verhaltens sind das Ich-Bedürfnis und die Eigenliebe. **Durch seinen Auftritt, das klare und deutliche Sprechen, die begleitenden Gesten und eventuell auffällige Formulierungen will er auf sich aufmerksam machen.** Er braucht offensichtlich die besondere Beachtung seiner Person – und Ansehen.

Kurzfassung

- Ein Schauspieler, der das Leben gern zur Bühne macht.
- Guter Rhetoriker und Unterhalter.
- Braucht die besondere Beachtung seiner Person.
- Gutartig, verspricht mehr, als er hält.

Sein Gesprächsverhalten

- Deutliches, klares Sprechen, das sich nuancenreich steigern kann.
- Bei Meinungsverschiedenheiten oder Kritik fühlt er sich persönlich betroffen.
- Wird er angegriffen, nimmt seine Argumentation dramatische Formen an.

Worauf es ihm ankommt

- Die Wirkung des Auftritts ist wichtig. Andere sollen beeindruckt werden. Spieltrieb.
- Es geht ihm um Ansehen und die besondere Beachtung seiner Person.
- Bedürfnis nach Zuneigung.

Wie er behandelt werden will

- Sie sollten offen auf ihn zugehen.
- Von seiner Selbstdarstellung dürfen Sie sich beeindruckt zeigen.
- Die vorgebrachten sachlichen Argumente werden seine Entscheidungen erleichtern.
- Auf jeden Fall sollten Sie sich freundlich und achtungsvoll verabschieden.

(35) Der Narziß

In gewisser Weise haftet jedem Individuum ein wenig Narzißmus oder Selbstliebe an. Auch wenn der echte Narziß in der Regel ein anderes Individuum als Liebesobjekt auswählt, macht er sich zumindest zeitweise selbst zum Liebesobjekt. **Er ist ein Selbstbewunderer.** Das kann so weit gehen, daß er in sein Bild verliebt ist. Wir erkennen ihn an der **Neigung, auf seine körperlichen Attribute oder Taten unverhältnismäßig viel Wert zu legen.**

Unabhängig von den Anforderungen seiner Tätigkeit oder der gehobenen Position stellt er sich „selbstverliebt" in den Mittelpunkt. **Seine „Waffen" sind Liebenswürdigkeit, Freundlichkeit und Kontaktbereitschaft.** Der Narziß ist aber verliebt in die eigene Person. Die Liebe, die er anderen Menschen scheinbar entgegenbringt, soll bewirken, daß man ihn für einen freundlichen Menschen hält und entsprechend entgegenkommend behandelt.

Der Schein spielt eine größere Rolle als das Sein. Hinter der gelegentlich forschen und draufgängerischen Fassade versteckt sich ein Mensch voller Unsicherheit und Infantilität. Es ist das „Kind im Manne", das selbstbezogen der Triebäußerung und der Triebbefriedigung frönt.

Soziale Entwertungsangst und innere Verletzbarkeit sind treibende Kräfte, um Wohlwollen und Zuneigung zu erlangen. Im Überschwang seines Wesens und seines Bedürfnisses nach Liebe, die immer selbstbezogen ist, ergibt sich der Typ des Don Juan. Im „Don Juanismus" drücken sich gleichermaßen **überkompensierte Minderwertigkeit und emotionale Bindungsunfähigkeit** aus. Entsprechend seinem Wesen ist er im Kontaktbereich zum wechselnden Publikum besser eingesetzt als in der festgefügten Gruppe.

Wir finden ihn aber mehr und mehr auch im Management. Einige seiner Eigenschaften führen ihn in bürokratischen Organisationen zum Erfolg. Dazu gehören seine Fähigkeit, persönlichen Eindruck zu machen, und die Feinheiten seiner Selbstdarstellung. Denn oft zählt in gewissen Positionen Leistung weniger als eine **auffällige Präsenz, Image, Schwung** und ähnliches. Hinter mancher „charismatischen Persönlichkeit" verbirgt sich schlichter Narzißmus. Auf der Suche nach Augenblicksintimität, die bei seinen ersten Begegnungen mit Menschen aktiviert ist, kann man ihm schnell näherkommen.

Kurzfassung

- Verliebt in das eigene Selbst.
- Weiß nicht, wieviel Anerkennung und Liebe er von anderen erwartet.
- Bespiegelt sich, gibt sich selbst Streicheleinheiten, braucht noch mehr von anderen.

Sein Gesprächsverhalten

- Sein Ego steht im Mittelpunkt, wichtig, einmalig und schützenswert.
- Man möge ihm doch den lieben Gefallen tun und ihm das geben, was er braucht.

Worauf es ihm ankommt

- Achtung und Beachtung. Anspruch, ein „Besonderer" zu sein.
- Bedürfnis, geliebt zu werden.

Wie er behandelt werden will

- Gehen Sie auf seinen Ton ein, versuchen Sie mitzufühlen. Auf der emotionalen Ebene ist er besser zu greifen als auf der rationalen.
- Meinungsverschiedenheiten sind ihm ein Greuel.
- Kritik kann er erst recht nicht vertragen. Eher folgt er einer Bitte.

(36) Der Star

Eitelkeit ist einer seiner hervorstechendsten Charakterzüge. **Er möchte bewundert werden.** Beifall ist sein eigentliches Lebenselixier. Dazu gehört die Pflege des Scheins und wesensmäßig auch immer Überempfindlichkeit, wenn der Schein mal trügt. **Fühlt er sich in seiner Rolle angetastet, reagiert er mit Angst und Aggression.** Seine Freunde sucht er sich danach aus, ob sie seine Primadonna-Rolle anerkennen. Wer ihn anhimmelt, den liebt er.

Das Leben ist für ihn eine Bühne. Er lebt **ständig in Anspannung, weil er größer, bedeutender, hübscher, klüger oder tüchtiger erscheinen möchte als andere** – und als die Realität ist. Star-Allüren bedingen das Vorhandensein eines entzückten Publikums. Fällt es aus, ist der Star irritiert, bricht innerlich zusammen, aber brilliert gegebenenfalls mit (echten) Ängsten und körperlichen Symptomen. Er ist wirklich „down", aber selbst in dieser Verfassung will er mit seinem Verhalten Beachtung und Aufmerksamkeit erzwingen.

Wie entsteht ein Star? Aus Verwöhnung und übermäßiger Beachtung. Ist erst einmal sein inneres Leitbild entstanden, so sorgt er aktiv und engagiert dafür, daß er die von ihm so sehr benötigte Beachtung und Bewunderung seiner Umwelt bekommt. Übrigens: Nicht jeder Schauspieler ist ein Star, und selbst die gemachten Stars können ganz normale Menschen sein.

Es gibt ihn überall, den „Bewundernswerten". **Der Star-Mensch ist äußerst anspruchsvoll und verlangt die Erfüllung seiner Wünsche.** Er besteht auf Akklamation. Ihm muß man Anerkennung zollen und Liebe entgegenbringen. Dazu sind die Mitmenschen seiner Meinung nach verpflichtet.

Da er sich für einen „wundervollen" Menschen hält, tut er kaum etwas für die Erreichung seiner Ziele. Andere verhelfen ihm dazu, weil er Charme versprüht und gelegentlich mit Gnadengaben nicht geizt. **Solange man seinen Bedürfnissen und Wünschen entgegenkommt, ist er befriedigt und glänzender Laune.** Wird ihm aber die Bewunderung, ohne die er nicht leben kann, versagt, so entzieht er sich oder sucht sich ein anderes Publikum.

Kurzfassung

- Glaubt, eine ganz besondere beachtenswerte Persönlichkeit zu sein.
- Ein Mensch, der geliebt und bewundert werden möchte.

Sein Gesprächsverhalten

- Lebendig und ehrgeizig. Dabei verkauft er sich gut.
- „Sprudelt" vor Begeisterung oder „schluchzt" vor Enttäuschung.
- Er verlangt die Erfüllung seiner Wünsche. Dabei setzt er seine Beredsamkeit und den meist auch vorhandenen Charme ein, sucht den Kontakt und den Anschluß zur wohlwollenden Gruppe.

Worauf es ihm ankommt

- Solange Sie seinen Bedürfnissen und Wünschen entgegenkommen, ist er glänzender Laune.
- Erwartet, daß Sie ihm Anerkennung zollen. Tadel möchte er vermeiden.
- Er ist „ein prima Kerl", wie er meint, und sucht dafür Bestätigung.
- Bedürfnis nach Liebe und Zuneigung.

Wie er behandelt werden will

- Zuvorkommend, bestätigend. Er möchte in Ihnen seinen Gönner finden.
- Bei Meinungsverschiedenheiten zieht er sich zurück und versucht es bei Ihrem Kollegen oder Vorgesetzten.
- Auch bei der notwendigen Kritik sollte immer ein positives Wort für ihn abfallen.

(37) Der Autoritäre

Es gibt ihn nicht nur in Gestalt des Vorgesetzten. Viele unserer Mitmenschen sind autoritär. Ihre **Intoleranz** und die allgemein herabsetzende Haltung anderen Menschen gegenüber wirkt oft verletzend. **Sie bevorzugen Positionen der Macht** und Stärke als beste Basis für ihr Wirken.

Autorität heißt Macht und Ansehen zugleich. Der Autoritäre möchte ohne Einschränkungen herrschen. Er **fühlt sich berechtigt**, maßgebend, absolut bestimmend. Daß dem in der Autorität oder Macht Stehenden auch persönliche Autorität zukommen kann, mildert seine Wirkung, schafft aber möglicherweise eine doppelte Überlegenheit: die des Gefürchteten und die des Geachteten. Der Autoritäre ist ein **Anhänger des Konventionalismus**, also politisch-ökonomisch konservativ. **Gegenüber Neuerungen** ist er **intolerant.**

Harte Umweltverhältnisse haben ihn geprägt. Er gehört zu denen, die sich nicht kleinkriegen ließen, sondern selbst nach Autorität und Macht griffen. Er verurteilt Menschen, die die konventionellen Werte verletzen, und entwickelt eine negative Einstellung zu solchen Gruppen, die seinem Denken zuwiderhandeln.

Sein Denken in starren Kategorien, seine Intoleranz Andersdenkenden gegenüber stempeln ihn zum Antidemokraten. In einem kooperativ geführten Unternehmen oder gar im Team ist er fehl am Platz. Am besten ist er eingesetzt, wenn das Gegenüber ebenfalls autoritär ist. Den beiden bleibt dann nichts anderes übrig, als „Burgfrieden" zu schließen. Ist er Kunde, so kann man ihm dienen. **Seine Autorität achtend, verträgt er sogar berechtigte Kritik.**

Über seine Persönlichkeit wurde schon viel nachgedacht. Daß er Positionen der Macht und Stärke und des Ansehens bevorzugt, mag noch angehen. Die Tendenz aber, auf Menschen, die veraltete und konventionelle Werte verletzen, besonders zu achten und diese zu bestrafen, geht über das Betriebsübliche und -notwendige hinaus (siehe auch Kapitel 10).

Sein starres Anhängen an hergebrachten Normen und Werten läßt ihn als **antidemokratische Persönlichkeit** erscheinen, die keinen Widerspruch duldet.

Kurzfassung

- Bestimmend, seine Stärke ausspielend.
- Will anweisen und sich durchsetzen.
- Duldet keinen Widerspruch und ist intolerant.

Sein Gesprächsverhalten

- Direkt fordernd, von oben herab, meist laut, herrschender Ton.
- Er meint, immer recht zu haben.
- Im Vorstellungsgespräch Tendenz zur Untergebenenrolle.

Worauf es ihm ankommt

- Selbstbehauptung, Durchsetzung und Dominanzstreben.
- Alles muß seine Ordnung haben. Tendenz, Schaden zu vermeiden.
- Seine „Weisungen" sollen prompt durchgeführt werden.
- Berechnend eingesetztes Fürsorgebedürfnis.

Wie er behandelt werden will

- Achtung und Beachtung, aber auch Zustimmung zu seiner Durchsetzungsfähigkeit.
- Genaue Auskunft über einen Sachverhalt – möglichst mit „Garantie".
- Sie sollten ihm das Gefühl geben, daß alles „ordnungsgemäß" abgewickelt wird, was Sie auch von ihm erwarten.
- Da er bei Meinungsverschiedenheiten auf Abwehr oder totalen Gegenangriff übergeht, ist es ratsam, auf die Wortwahl zu achten.
- Sie können auch an seinen Gerechtigkeitssinn appellieren.

(38) Der Radikale

Er geht bis zum Äußersten, ist extrem, **rücksichtslos**, gilt als der Aggressor. Gemeint ist nicht der politische Mensch, sondern der „Ausbrecher" in unserem Arbeitsalltag. Oft ist er natürlich nur scheinbar revolutionär und tut nur so, als ginge er in gesellschaftlich-politischer Richtung bis zum Extrem. Er spielt den **„Radikalinski"**. Er hält sich nicht gern an Regeln, neigt direkt oder indirekt zur Aggression und **möchte**, wo ihm etwas nicht paßt, **am liebsten alles „umkrempeln"**. Statt in mühseliger Kleinarbeit sieht er die Chance in der „Totallösung".

Diese **Aggressivität in Einstellung, Auffassungen und Handlungsbereitschaft** führt zur Intoleranz und Rücksichtslosigkeit. Wutanfälle, Kampfhandlungen, **bösartige Argumentation** oder Sarkasmus sind typische Verhaltensweisen. Der Radikale läßt sich von niemandem auf den Arm nehmen und fühlt sich genötigt, es jedem heimzuzahlen, der ihn angreift oder vermeintlich ungerecht behandelt hat. Der traditionellen Haltung der Mehrheit setzt er seine, wie er meint, „Aktivität" und „Progressivität" entgegen. (Manchmal ist sie sogar von Nutzen.) Aggressivität ist oft das charakteristische Merkmal des Dominanzstrebers. Selbst mit hartem Leistungsstreben ist Aggressivität verbunden.

Wieviel Radikale oder vermeintlich Progressive kann sich ein Betrieb leisten? Selbst ein „Krisenmanager" darf sich soviel radikales Durchgreifen nicht erlauben. Als Kunden würden wir ihn herzlich gern verlieren oder an die Konkurrenz abgeben.

Radikalismus entsteht zumeist in der Auseinandersetzung des Kindes mit seiner Umwelt. Der Radikale ist das „aufsässige Kind" im Erwachsenenformat. Erziehung und Ermahnung haben nicht gegriffen. **Sein Gewissen schlägt nicht**, wenn er Vorschriften verletzt. Eher frohlockt er: „Haha, da hab' ich Euch wieder ein Schnippchen geschlagen!" Der Vorgesetzte, Partner oder Verkäufer büßt für seinen Vater, der ihn nicht in den Griff bekommen hat.

Eine wirksame Kontrolle der Aggression erfordert, daß wir jede Belohnung für dieses Verhalten vermeiden. **Gelegentlicher Widerstand ist erforderlich**, manchmal auch Abwehr. Am besten ist er dort eingesetzt, wo es hart zugeht.

Kurzfassung

- Die Brechstange, nicht der Glacéhandschuh, ist sein Mittel.
- Er ist intolerant und rücksichtslos, neigt zur Aggression und hat ein dickes Fell.
- Als „Radikalinski" zahlt er es jedem heim, der ihn vermeintlich ungerecht behandelt.

Sein Gesprächsverhalten

- Direkt, laut und fordernd, gelegentlich ironisch oder sarkastisch, immer auf Ich-Durchsetzung aus.
- Hält sich nicht an Regeln, möchte am liebsten alles umkrempeln, bekommt Wutanfälle, wenn etwas nicht klappt, und droht gern mit Kampfhandlungen.

Worauf es ihm ankommt

- Poltern, um Gehör zu finden, Selbstbehauptung und Durchsetzung, wenn nötig, mit allen zur Verfügung stehenden Mitteln.
- Er will obsiegen, herrschen, auch wenn er dabei etwas zerstört.
- Bedürfnis, Widerstand zu leisten.

Wie er behandelt werden will

- Es gibt die drei Möglichkeiten:
  – die zarte Art: um Verständnis bitten;
  – die sachliche Art: Tatbestände klären;
  – die robuste Art: ihm gegen den Karren fahren
- Am besten tun Sie so, als blieben Sie von seiner robusten und angreiferischen Art unbeeindruckt.

(39) Der Cäsar (auch Nero)

Er ist **herrisch, will gefürchtet sein**. Er macht sich die Mitmenschen zum Objekt, um nicht selbst von ihnen zum Objekt gemacht zu werden.

Cäsar ist ichhaft. Seine **charakterliche Grundeinstellung ist egoistisch**. In den Menschen sieht er das Mittel zur Erhöhung seiner Geltung und Macht. Er **neigt zu Feindseligkeit und Fanatismus**. Er kämpft selten für, sondern meist gegen etwas.

Viele Menschen, die ihn umgeben, haben im Gegensatz zu ihm eine sachliche, verantwortungsbewußte, mutige Einstellung. Er ist unfrei und kann auch nicht produktiv sein. Wo immer möglich, **enthält** er **sich der Verantwortung**. Eigentlich ist er ein entmutigter Mensch. Was er je erfahren hat – vielleicht war der sogenannte „Verrat der Eltern" schuld – überträgt er „ersatzweise" auf die Mitmenschen. Sein im Grunde erschüttertes Vertrauen ist Ursache seiner Minderwertigkeitsgefühle, die er durch ein überstarkes Geltungsbedürfnis auszugleichen sucht. Er **greift an aus Selbstverteidigung**.

Sein größtes Mißgeschick ist die Einbuße an Überlegenheit und Macht, Schadenfreude ist seine einzige Freude. Ein anderer „Cäsar" – ein ebenso starker Dominator und Machtmensch – möglicherweise mit den Gaben eines Machiavelli, begründet in der Regel seinen Fall. Wo ein Cäsar – ausnahmsweise – benötigt wird, umgebe man ihn mit klugen „Diplomaten".

Beim „Cäsar" stehen der Eigenwille und der Eigensinn im Vordergrund. Cäsar will herrschen und seine Umwelt in den Griff bekommen.

Cäsar ist das Produkt einer harten und lieblosen Erziehung. Er hat früh gelernt, daß seine Mitmenschen ihm nicht helfen, also muß er sich selbst helfen. Menschen sind dazu seine Werkzeuge. Er nutzt sie aus, läßt sie zwar gelten, solange sie ihn anerkennen und ihm dienen, aber er läßt sie fallen, sobald er sie nicht mehr braucht. **Der Freundschaft ist er nicht fähig.**

Kurzfassung

- Ein Herrscher, egoistisch, über alles erhaben.
- Aber auch ein Könner und Kämpfer, dem Macht alles bedeutet.
- Er kann Furcht einflößen.

Sein Gesprächsverhalten

- Scheinbar höflich, beginnt er bald zu taktieren.
- Schweigend prüft er seine Machtbasis, dann stellt er harte Forderungen.
- Auch bei Entgegenkommen läßt er sich nicht in die Verantwortung nehmen.
- Bei Meinungsverschiedenheiten ist mit Feindseligkeit zu rechnen.
- Wenn sein Gegenüber recht hat, greift er aus Selbstverteidigung an.

Worauf es ihm ankommt

- Oben sein, bestimmen, Mitmenschen zu seinen Objekten machen (Herrschsucht).
- Er kämpft selten für, sondern meist gegen etwas. Das kann sich bis zur Feindseligkeit und zum Fanatismus steigern. Zerstörungstendenz, Rachsucht.
- Er duldet keine Einbußen an Überlegenheit und Macht, die er sinnesfroh genießt.
- Schart Menschen um sich, die sich gern unterwerfen.

Wie er behandelt werden will

- Cäsar/Nero ist in seiner (wirklichen oder eingebildeten) Machtfülle zu respektie-

(40) Der Nörgler

Wir kennen ihn als den „ewig Unzufriedenen", den ständigen Querulanten. An allem hat er etwas auszusetzen, und überall sucht er die schwache Stelle, an der er nachweisen kann, daß alles nicht so ist, wie es sein sollte.

Nörgeln, mäkeln und herumkritteln ist ihm ein Bedürfnis. Man könnte sagen, daß er tadelsüchtig ist. Er findet immer ein Haar in der Suppe. Diese destruktive Einstellung dem Leben gegenüber wächst aus einer **inneren Unausgeglichenheit,** meist gekoppelt mit der Unfähigkeit zur normalen Triebbefriedigung. Ursache allen Übels bei diesem Nörgelfritzen ist, daß er die Welt durch seine subjektive Brille des Unbehagens sieht. Er hat starke hemmende Komplexe.

Dabei hat der Nörgler – **ein Mensch mit gesteigerter Selbsteinschätzung** – ein empfindliches Selbstwertgefühl. Auf persönliche Kränkung oder vermeintliche Benachteiligung reagiert er unangemessen mit fortgesetzten Nörgeleien, Protesten, „Anträgen" oder dem Gericht.

In Wirklichkeit **will er herrschen.** Er hat nämlich ein starkes Gefühl der Überlegenheit und neigt zur Selbstüberschätzung. Man unterschätze ihn nicht! Er hat die Kraft des Querulanten und den Drang des Beherrschers. Er ist aktiv und rücksichtslos. Konflikte geht er direkt zupackend an.

Ein neuer Mitarbeiter? Man hüte sich vor ihm. Meist schleust er sich unter einer Tarnkappe ein, geht aber bald in Opposition. Ist er Kunde? Man wird ihn nicht abwehren können. Statt eines sachlichen Berichts bringt er nur Nörgeleien und hat an allem etwas auszusetzen. **Er sieht die Dinge durch eine schwarze Brille.** Mit seinen Nörgeleien möchte er andere „strafen" und sie beherrschen. Gelingt ihm das, lacht er sich ins Fäustchen.

Unausgeglichen, komplexbehaftet, negativ gestimmt, wie er ist, ist er eine Beleidigung und Herausforderung zugleich. **Man muß sich stellen, Tatbestände klären,** um Verdeutlichung bitten, den Tatbestand wiederholen und ihn festnageln. **Meinungsverschiedenheiten** und Kritik sollte man **umgehen,** eventuelle Aggressionen überhören.

Kurzfassung

- Der Miesepeter und ewig Unzufriedene ist unausgeglichen, komplexbehaftet, ein Querulant mit negativer Grundeinstellung.

Sein Gesprächsverhalten

- Statt eines sachlichen Berichts bringt er nur Nörgeleien und hat an allem etwas auszusetzen.
- Er sieht die Dinge durch eine schwarze Brille, will dennoch recht haben und recht behalten.

Worauf es ihm ankommt

- Seine Sorgen und Qualen, seine Unzufriedenheit lädt er auf andere ab.
- Mit seinen Nörgeleien möchte er andere „strafen" und sie beherrschen (Angriffslust). Gelingt ihm das, lacht er sich ins Fäustchen.
- Sucht Anerkennung, Geltung und Einfluß.

Wie er behandelt werden will

- Sie sollten ihn, wenn auch nur zum Schein, ernst nehmen, Tatbestände klären, um Verdeutlichung bitten, Tatbestände wiederholen.
- Wenn es auch schwerfällt, sprechen Sie Dank aus.
- Umgehen Sie Meinungsverschiedenheiten und Kritiken, überhören Sie eventuelle Aggressionen.
- Auf Anerkennung und Bejahung seiner Person reagiert er positiv.

(41) Der Hysteriker

Es sind Menschen um uns, die für ihre **Affektausbrüche** bekannt sind. In besonderen Situationen bekommen sie Wein- und Schreikrämpfe. Sie **geraten plötzlich aus der Fassung,** „gehen hoch", werden aufbrausend, „flippen aus".

Der Hysteriker kann irgendwelche belastenden Erlebnisse nicht verarbeiten. Wird er an sie erinnert, steigt er zischend empor. Hysterie als Reaktion auf stark belastende Erlebnisse ist weder logisch noch vernünftig und dennoch zweckgerichtet. Mit dem Ausbruch und den begleitenden seelischen und körperlichen Symptomen wird die seelische Erkrankung, die Wunde, sichtbar. Es geschieht meist in Form heftiger Reaktionen.

Die Fülle der Emotionen dringt nach außen und wird auf die Umwelt abgeladen. Interessanterweise ereignen sich Ausbrüche nur in Gegenwart anderer Personen. **Er braucht ein Publikum.** Typisch ist auch die verhüllte und unverhüllte Koketterie: das Bedürfnis nach Liebe. Sobald aber das erstrebte Ziel in die Nähe rückt, weicht der Hysteriker ängstlich zurück. Er fällt dem Wohlwollenden in die Arme. Im Kern der Persönlichkeit lebt ein starkes Liebesbedürfnis und eine **ausgeprägte Angst vor Liebesverlust.**

Hysteriker sind stark beeindruckbar. Hier liegt der Schlüssel zu ihrer adäquaten Behandlung. Auf heftige Verteidigungsreaktionen der Umwelt und anschließender Liebesbekundung beruhigen sie sich wieder. Man erwarte aber keine dauerhafte Besserung. Der Hysteriker kann die normalen Triebbedürfnisse nicht entsprechend diszipliniert befriedigen. Affektausbrüche kehren wieder.

Kurzfassung

- Affekte und Emotionen sind stärker als Sachverhalte.
- Belastende Erlebnisse kann er schlecht verkraften.
- Sein Verhalten ist die Reaktion auf emotional stark belastende Erlebnisse.
- „Bricht aus", steht sich selbst im Wege. Vieles ist jedoch nur Fassade.

Sein Gesprächsverhalten

- Meist gefühlsgeladene, schrille Stimme.
- Zänkisch, selten sachlich.
- Neigt zur Überformulierung, zum Übertreiben.
- Affektausbrüche und plötzliches Einhängen am Telefon sind typisch.

Worauf es ihm ankommt

- Zuhören und ernst nehmen.
- Will die unbedingte und sofortige Erfüllung seines Wunsches.
- Er sucht Anerkennung, Triebbefriedigung und am liebsten Streicheleinheiten.

Wie er behandelt werden will

- Sachlich und energisch.
- Er ist beeindruckbar.
- Da er eigensinnig und rechthaberisch ist, sollten Sie Forderungen auf das rechte Maß zurückschrauben.
- Bei heftigen Reaktionen können Sie ihn zurechtweisen und um Mäßigung bitten. Er verträgt das.

(42) Der Neurotiker

Viele Menschen haben Neurosen. Sie brechen aus bei Schwierigkeiten am Arbeitsplatz, aus Mangel an Anerkennung durch andere, gehen über in zwanghaftes Verhalten, Stottern oder einen Asthmaanfall. Eine einfache Wahrnehmung kann bei Neurotikern eine Spontanaktivität auslösen: Die Pupillen sind erweitert, die Haare sträuben sich, die Muskeln werden angespannt, wie in einer angelernten Angstreaktion.

Der Neurotiker hat eine **angeborene Neigung zur Übererregbarkeit**, gilt als „nervös", leicht erregbar, übertrieben reagierend. Seine Ausbrüche und „Nervengebärden" sind der Umwelt ein Greuel, vor allem, wenn damit Minderwertigkeitsgefühle verbunden sind.

Der Ursprung solchen Verhaltens und Erlebens liegt in längst vergessenen traumatischen Ereignissen. Diese, dem Neurotiker unbewußten, schmerzenden seelischen Erlebnisse – oft auch Schuldgefühle – lassen ihn stets dann spontan (über)reagieren, wenn ein Signal das Trauma, den erlittenen seelischen Schmerz, trifft: Der „Mechanismus" wird ausgelöst und beherrscht ihn. Dennoch ist die Reaktion eine Teilreaktion, d. h. nur ein Teil der Persönlichkeit ist verändert. Der Rest ist „vernünftig", und der Neurotiker **bleibt realitätsorientiert**.

Neurotiker gelten als labile, unberechenbare Menschen, stets gut für eine unbegründete Aufregung. Eigentlich sind sie krank und bedürfen der ärztlichen Behandlung. Doch scheinen sie, da sie keine Schuldgefühle empfinden, eher Freude und **Genugtuung** zu verspüren, **wenn sie ihre Umwelt tyrannisieren können**.

Widerstand und Ordnungsrufe sind häufig gebrauchte Gegenmittel. Manchmal wirken sie auch. (Der neurotische Kunde sollte stets erst **Gelegenheit** bekommen, **Dampf abzulassen**. Oft hilft es, wenn man Verständnis zeigt.)

Intelligente Neurotiker können erfolgreiche Menschen sein.

Kurzfassung

- Labil, unberechenbar, „neurotisch".
- „Ausbrüche" meist dann, wenn Schwierigkeiten auftauchen. Sie verursachen Ängste. Gelegentlich auch Zwangsvorstellungen.
- „Unnötige" Nervenspannung und übertriebene Reaktion sind bei diesem Typus „normal".

Sein Gesprächsverhalten

- Oft normaler Gesprächsbeginn. Plötzlich schlägt der Ton um.
- Konflikte werden schonungslos auf den Gesprächspartner abgeladen.
- Hohe Erregbarkeit führt zu Ausbrüchen und unkontrollierten Gedanken.
- Angst und Minderwertigkeitsgefühle beeinflussen das Gesprächsverhalten.

Worauf es ihm ankommt

- Will sich abreagieren, seinem Ärger Luft machen.
- Es kann dazu kommen, daß er Sie zu seinem „seelischen Mülleimer" macht.
- Hat Freude und Genugtuung, seine Umwelt tyrannisieren zu können.

Wie er behandelt werden will

- Geben Sie ihm zunächst Gelegenheit, „Dampf" abzulassen. Dann – nach einer Kunstpause – auf den Erregungszustand eingehen. Verständnis zeigen. Bei weiterem Ausbruch ist Widerstand angebracht.
- Sie können ihn zur Ordnung rufen oder um späteren Wiederanruf bitten.
- Wenn Ruhe eingekehrt ist, kann man an seine Vernunft appellieren.

8. Typus und Motive

Motive kann man nicht sehen. Man muß sie erforschen oder erraten. Bei einigen Persönlichkeitstypen ist das nicht schwer: Der Geltungsbedürftige braucht und sucht Geltung, der Star möchte glänzen, der Dominator dominieren ... Schwieriger ist es schon, in die Motivationsstruktur eines Introvertierten oder Beamten zu blicken. Dazu verhilft das Studium des jeweiligen Persönlichkeitstypus. Hat man ihn im Ganzen erfaßt, ergeben sich fast zwangsläufig die zugrunde liegenden Motive. Spricht man mit dem „Beamten" über das Glück, das Selbstverwirklichung mit sich bringen kann, so wird man kaum strahlende Augen als Antwort erhalten, wohl aber, wenn wir aus eigenem Erleben glaubhaft schildern können, daß die Beamtenlaufbahn aus den verschiedensten Gründen – und zwar nicht nur wegen der Sicherheit in instabilen Zeiten – reizvoll sein kann und daß man selbst einmal kurz davor gestanden habe, die Beamtenlaufbahn zu ergreifen. Stichworte wie Streben nach Ordnung, Bedürfnis, eine begonnene Arbeit erst einmal zu Ende bringen zu wollen, bevor man die nächste beginnt, Sorgfalt, Regeltreue und ähnliches sprechen die Motivation des Beamten an.

Die Charakterologie schreibt dem Menschen als Einzelwesen entsprechend seiner Struktur bestimmte vorherrschende Motive zu. Bedürfnisse zu haben ist allgemein menschlich, aber dieses oder jenes Bedürfnis (Motiv) zu haben oder nicht zu haben, hängt mit der Lebensgeschichte des Individuums zusammen. Diese kennen wir zwar selten, wohl aber die Verhaltensweisen, aus denen sie sich entschlüsseln läßt. Will man einen Menschen in dem, was er tut (oder zu tun unterläßt), was er denkt und als Meinung oder Überzeugung äußert, verstehen, dann müssen wir vor allem wissen, was er möchte, was ihn bewegt, welche Ziele er hat; davon kann man vieles ableiten.

Ein Motiv ist ein Faktor, der das Verhalten steuert und beeinflußt. Motive des Handelns sind dem Betreffenden meist unbewußt. Warum er so ist bzw. so und nicht anders handelt, dafür hat er auf der Vernunftebene andere Erklärungen. Grundsätzlich gehören Motive den vier Kategorien Sicherheitsstreben, Gemeinschaftsstreben, Ich-Bedürfnisse und Selbstverwirklichung an. Das bedeutet:

1. **Sicherheitsstreben**:
   Tendenz, alles stabil zu halten, „keine Experimente", insgesamt Vermeidung von Angst und Suche nach Sicherheit.

2. **Gemeinschaftsstreben**:
   Bedürfnis nach Kontakt und Geselligkeit, nach Geborgenheit und Anerkennung in der Gruppe.

3. **Ich-Bedürfnisse**:
    Die dritte Kategorie betrifft das Bedürfnis, in der engeren oder weiteren gesell-schaftlichen Umgebung einen gewissen Rang einzunehmen, eine Rolle zu spie-len aufgrund seines Wissens, der Ausbildung oder der Stellung, des Einflusses, der Machtbefugnisse des Ansehens usw. Die zugrunde liegende Frage ist: Was ich bin, was habe ich zu sagen, wie müßt ich mich einschätzen; d. h., wie sehe ich mich selbst im Vergleich zu anderen?

4. **Selbstverwirklichung**:
    Tendenz, an sich zu arbeiten, seine Fähigkeiten zu entfalten, nach Erfolg zu streben, Herausforderungen anzunehmen, aber auch das Bedürfnis nach Unab-hängigkeit und Selbstbehauptung.

Die Äußerungsformen der Motive sind mannigfaltig, und oft erscheint es auf den ersten Blick so, als wäre eine Zuordnung nicht möglich. Für den Verkäufer sind ins-besondere Ich-Bedürfnisse des Kunden von großer Bedeutung, für den Vorgesetzten das Gemeinschaftsstreben und das Bedürfnis nach Selbstverwirklichung. Wie kann sich das Sicherheitsstreben äußern? Beim Angepaßten, dem Verläßlichen, dem Pflichtbewußten und dem Pedanten herrscht es vor. Diesen Menschen sind Ord-nungsliebe, Streben nach Genauigkeit und Vollendung einer Sache, die Tendenz, Schaden zu verhüten, aber auch der Hang zur Ein- und Unterordnung eigen. Andere Bedürfnisse treten zurück.

Was verbirgt sich hinter dem Gemeinschaftsstreben des Kontaktmenschen, des Gut-mütigen, des Gefühlsmenschen und des Beschützers? Sie möchten dazugehören, suchen Kontakt, Anschluß und Geselligkeit, vielleicht auch Liebe und Zuneigung, oder sie haben den Hang zum Hegen und Pflegen. Sie alle brauchen Partner.

Welche Ich-Bedürfnisse gibt es? Und bei welchem Typ herrschen sie vor? Der Gel-tungsbedürftige ist ein markanter Vertreter dieser Bedürfnisgruppe, ebenso der Star, aber auch der Statusbewußte und der Darstellungsbedürftige. Das Ich-Bedürfnis des Extrovertierten äußert sich in seinem starken Ego, und der Autoritäre reicht dem Aufsteiger die Hand zur gemeinsamen Befriedigung ihrer ähnlichen Bedürfnisse. Der Radikale schließlich setzt sich über alles und alle hinweg, ein unangenehmer Egoist.

Wie sind die Äußerungsformen der sogenannten Selbstverwirklichung? Es sind meist längere Prozesse des Strebens nach Vollkommenheit, Erkenntnissen oder Gestaltung. Hierzu gehört auch das Bedürfnis, etwas aufzubauen, zu erforschen, aus-zuprobieren, auch der Drang nach Selbständigkeit, Unabhängigkeit und Freiheit.

Diese Bedürfnisse lassen sich zwar mit sehr unterschiedlicher Gewichtung, aber wenigstens mit einem Körnchen Wahrheit jedermann zuschreiben. Sie kennzeichnen jedoch den einzelnen Menschen nur insoweit, als sie besonders stark oder besonders schwach ausgeprägt sind. Was ist ihm wichtig, was nicht? Was gibt er zu, oder wo verbergen sich hinter vorgehaltener Hand andere, nämlich die wahren Motive? Darüber werden in Interaktionen offizieller und privater Natur viele, oft lange Gespräche geführt und Argumentationsketten aufgebaut, als sei der eigene Standort der einzig richtige – eine wahre Exhibition des einzelnen, dessen er sich meist nicht bewußt ist. Für den „Motivforscher" ist das ein reiches Feld der Erkenntnis!

Das sich das Streben nach Bedürfnisbefriedigung dank rationaler Überlegungen nach den situativen Möglichkeiten richtet, sind auch die weniger stark ausgebildeten Motive des Individuums von Bedeutung: Welches Motiv „rückt nach", wenn das stärkste nicht verwirklichbar (oder schon „gesättigt") ist? Wahrscheinlich entdecken wir bei einem Individualisten, daß er bei schlechten Chancen einer Selbstverwirklichung auf sein Sozialprestige „umschaltet" („Ich bin doch wer!"). Kommt auch da keine befriedigende Antwort aus der Umwelt, bleibt ihm als Refugium noch das Bedürfnis nach Sicherheit. In diesem Zustand fühlt er sich aber sehr unglücklich. Der Verläßliche rückt stärker an die Gruppe heran, wenn er sich unsicher fühlt und nach den Umständen durch sein Grundverhalten keine befriedigende Antwort bekommt.

Jeder kennt Phasen in seinem Leben, in denen er besonders glücklich oder besonders unglücklich war. Der bessere Zustand („Glück") geht mit starker Bedürfnisbefriedigung einher. Man ist hochzufrieden, weil das Hauptmotiv so richtig zum Tragen kommt und auch die in der Rangfolge 2 und 3 stehenden Bedürfnisse keinen Mangel an Befriedigung leiden: Dem Introvertierten hat man seinen Vertrag verlängert (Sicherheit), er kann zudem an einer für ihn wichtigen Aufgabe arbeiten (Selbstverwirklichung) und gehört damit zu einer privilegierten Mitarbeitergruppe (Sozialprestige). Beim „Unglück" verläuft der Prozeß in umgekehrter Richtung ab.

Der Versuch liegt nahe, für den einzelnen Typus eine Rangfolge der Motive festzulegen. So könnte beispielsweise beim Typ des Beschützers die Rangfolge aussehen:

1. Gemeinschaftsstreben
2. Sicherheitsstreben
3. Anerkennung (als Ich-Bedürfnis)
4. Selbstverwirklichung

Nur wäre eine solche Rangfolge nie gleich den Stufen einer Treppe. Die Abstände können sehr unterschiedlich sein. Je nach Artung der Persönlichkeit, ob angepaßt, eigenständig oder kompliziert, verläuft das innere Kräftespiel anders. Beim reinen Typ steht ein Motiv im Vordergrund. Darauf kann man bauen.

Exkurs: Wie bin ich motiviert?

Sicher haben Sie schon versucht, sich als Typus einzuordnen und auch die vorherrschenden Motive zu ermitteln. Der nachstehende Fragebogen soll helfen, Ihre
Motive genauer zu bestimmen. Kreuzen Sie jeweils das „Ja" oder das „Nein" an.
Falls Sie sich nicht entscheiden können oder sich aus irgendeinem Grund außer-
stande sehen, sich für diese oder jene Seite zu entscheiden, machen Sie das Kreuz in
das Kästchen beim Fragezeichen. Am besten ist es, wenn Sie nicht allzulange nachdenken oder sich in den genauen Wortlaut der Fragen verbeißen.

1.	Ich strebe nach Unauffälligkeit.	Ja	❏	?	❏	Nein	❏
2.	Gesundheit ist mir wichtig.	Ja	❏	?	❏	Nein	❏
3.	Ich bevorzuge eine Dauerstellung.	Ja	❏	?	❏	Nein	❏
4.	Ich gehe keine undurchschaubaren Risiken ein.	Ja	❏	?	❏	Nein	❏
5.	Ich bin sparsam und halte meine Finanzen zusammen.	Ja	❏	?	❏	Nein	❏
6.	Meine Devise ist: „Nur keine unüberlegten Experimente."	Ja	❏	?	❏	Nein	❏
7.	Ich bin für Neues aufgeschlossen, greife jedoch gern auf Bewährtes zurück.	Ja	❏	?	❏	Nein	❏
8.	Wenn die Lage unübersichtlich ist, stelle ich viele Fragen.	Ja	❏	?	❏	Nein	❏
9.	Meinen Urlaub verbringe ich möglichst so, daß ich mich gründlich erhole.	Ja	❏	?	❏	Nein	❏
10.	Ein Nutzgarten ist mir lieber als ein Ziergarten.	Ja	❏	?	❏	Nein	❏

Das sind nur zehn Fragen. Sie betreffen das Bedürfnis nach Sicherheit und Geborgenheit, wie Sie sicher schon bemerkt haben. Dieses Motiv bei sich selbst zu erkennen, ist nicht schwer. Jedes „Ja" ergibt 1 Punkt, jedes Fragezeichen einen halben
Punkt. Haben Sie 6 oder mehr Punkte, ist dieses Motiv bei Ihnen stark ausgeprägt.
Ihre Tendenz ist, alles möglichst stabil zu halten und in unübersichtlichen Situationen „auf Nummer Sicher" zu gehen.

11.	Ich möchte mit einem oder einigen Menschen voll Vertrauen reden können.	Ja	❑	?	❑	Nein	❑
12.	Von diesem oder diesen Menschen erwarte ich vertrauensvolle Zuwendung.	Ja	❑	?	❑	Nein	❑
13.	Wenn Familie und Partnerschaft stimmen, ist soziale Anerkennung für mich weniger wichtig.	Ja	❑	?	❑	Nein	❑
14.	Die Nähe zu einem anderen Menschen läßt mich das Streben nach Sicherheit vergessen.	Ja	❑	?	❑	Nein	❑
15.	Als ich Kind oder noch jung war, strebte ich nach einem Vorbild.	Ja	❑	?	❑	Nein	❑
16.	Ich freue mich, wenn ich nach einem persönlichen Rat gefragt werde.	Ja	❑	?	❑	Nein	❑
17.	Zu meinen engsten Bezugspersonen sage ich öfter „Dir zuliebe, ja", obwohl ich sonst anders entscheiden würde.	Ja	❑	?	❑	Nein	❑
18.	Ich spreche gern über persönliche Probleme.	Ja	❑	?	❑	Nein	❑
19.	Im Beruf suche ich die sachliche und eigenständige Entscheidung, richte mich aber häufig nach dem, was meine Vorgesetzten wollen.	Ja	❑	?	❑	Nein	❑
20.	Ich habe öfter Vermittlungs- oder Beratungsaufgaben übertragen bekommen.	Ja	❑	?	❑	Nein	❑

Die Fragen 11 bis 20 beziehen sich auf das Gemeinschaftsstreben. Dieses kommt am deutlichsten in dem Bedürfnis nach Vertrauen zum Ausdruck. Auch hier gilt: 1 Punkt für jedes „Ja", einen halben Punkt für das Fragezeichen. 5 Punkte sprechen für eine gute, 6 und mehr für eine starke Ausprägung dieses Motivs.

Die Fragen 21 bis 30 geben Auskunft über die Ausprägung des Bedürfnisses nach sozialer Anerkennung für den Eingeweihten (21 und 27 sind Kontrollfragen).

21. Ich finde Ruhe und innere Stabilität,   Ja ❑   ? ❑   Nein ❑
    wenn ich zu mir selbst zurückgekehrt
    bin.

22. Kritik und Tadel bin ich nicht zugäng-   Ja ❑   ? ❑   Nein ❑
    lich. Ich verlange schon Begründung
    und Rechenschaft.

23. Wenn meine Umwelt mit Anerkennung   Ja ❑   ? ❑   Nein ❑
    geizt, tue ich etwas dagegen oder ziehe
    mich zurück.

24. Ich strebe nach Anerkennung in einer   Ja ❑   ? ❑   Nein ❑
    bestimmten oder in mehreren Gruppen.

25. Dort möchte ich nicht an letzter „Gel-   Ja ❑   ? ❑   Nein ❑
    tungsstelle" rangieren.

26. Prestige, Status und Geltung sind ange-   Ja ❑   ? ❑   Nein ❑
    nehme Beigaben des Lebens.

27. In der Gesellschaft bzw. in Gruppen   Ja ❑   ? ❑   Nein ❑
    integriere ich mich. An erster Stelle ris-
    kiert man zuviel.

28. Geselligkeit ziehe ich allen anderen   Ja ❑   ? ❑   Nein ❑
    Lebensformen vor.

29. Ich gehe mit der Mode, ohne auf den   Ja ❑   ? ❑   Nein ❑
    jeweils „neuesten Schrei" zu hören.

30. Ich leiste mir immer, wenn ich kann,   Ja ❑   ? ❑   Nein ❑
    eine besondere Reise.

Hohe Punktzahlen sind im Verkäuferberuf üblich, nicht jedoch bei Berufen in der Administration oder bei Beamten. Bei weniger als 5 Punkten kann man sich fragen, ob die Antriebe zum Wettbewerb nicht zu schwach ausgeprägt sind, bei 7 und mehr Punkten, ob sich das Konkurrenzverhalten in Kundengespräch oder in der täglichen Zusammenarbeit nicht negativ auswirkt.

31. Es widerstrebt mir, von Vorgesetzten zu sehr bestimmt oder gegängelt zu werden. Ja ❏ ? ❏ Nein ❏

32. Ich bin kein „Prinzipienreiter". Ja ❏ ? ❏ Nein ❏

33. Mir fällt es schwer (bzw. es kommt nur selten vor), mich voll und ganz einem Menschen hinzugeben. Ja ❏ ? ❏ Nein ❏

34. Ich strebe nach einem Tätigkeitsbereich, wo ich eigene Verantwortung übernehmen kann. Ja ❏ ? ❏ Nein ❏

35. Man schätzt mich wegen meiner Objektivität und dem Realismus, mit dem ich an neue Aufgaben herangehe. Ja ❏ ? ❏ Nein ❏

36. Rang und Status oder Prestige der Stelle oder Aufgabe sind für mich zweitrangig. Ja ❏ ? ❏ Nein ❏

37. Was meine Ehe/Partnerschaft anbelangt, behalte ich mir einen Rest Eigenständigkeit. Ja ❏ ? ❏ Nein ❏

38. Man hat mir Führungsverantwortung übertragen bzw. ich hoffe, daß man das tun wird wegen meiner sachlichen Einstellung und meiner Bereitschaft zum Engagement für eine größere Sache bzw. Einheit. Ja ❏ ? ❏ Nein ❏

39. In meiner Lebensgestaltung fühle ich mich frei, da möchte ich selbst entscheiden und dafür übernehme ich auch die Verantwortung. Ja ❏ ? ❏ Nein ❏

40. Ich möchte weiterkommen und aufsteigen, aber nicht auf Kosten einer aufgezwungenen Verantwortung. Ja ❏ ? ❏ Nein ❏

Die Fragen 31 bis 40 sind auf das Maß der Neigung nach Selbstverwirklichung gerichtet. Kennzeichen sind das Streben nach Unabhängigkeit und Eigenverantwor-

tung. Bei hoher Punktzahl sind wahrscheinlich das Sicherheits- und Gemeinschaftsstreben für Sie nicht entscheidend, meist sind auch Prestige, Rang und Rolle, Ansehen und Macht keine Leitlinien Ihres Handelns. Dafür treten – von 5 Punkten
aufwärts – die Merkmale des „Selbstverwirklichers" hervor: Arbeiten an einer wichtigen und für das persönliche Wohlbefinden günstigen Aufgabe, die Selbständigkeit
und eigene Verantwortung ermöglicht, die Bereitschaft zur Annahme von – wohl-
überlegten – Herausforderungen, die einen weiterbringen oder die Möglichkeit, individuell zu wachsen. 3 bis 4 Punkte sind Minimum, 8 und mehr Punkte sind Indiz
dafür, daß man seinen eigenen Weg geht und sich aus Zweckmäßigkeitsgründen mit
einem Unternehmen oder einer Organisation auf Zeit verbindet.

41. Ich bin pünktlich.	Ja ❑	? ❑	Nein ❑
42. Ich bleibe meinem Standpunkt treu.	Ja ❑	? ❑	Nein ❑
43. Mich vom Gegenteil zu überzeugen, ist schwer.	Ja ❑	? ❑	Nein ❑
44. Ich mag Menschen, die auf Präzision und Exaktheit bedacht sind.	Ja ❑	? ❑	Nein ❑
45. Ich neige dazu, alles bis ins Letzte zu planen und richte mich auch danach.	Ja ❑	? ❑	Nein ❑
46. Kritik vertrage ich nicht gut, wenn es um meine Grundsätze geht.	Ja ❑	? ❑	Nein ❑
47. Ich mach mir oft Gewissensbisse.	Ja ❑	? ❑	Nein ❑
48. Ich möchte in Übereinstimmung mit bestimmten Normen leben, nach denen ich mich richte.	Ja ❑	? ❑	Nein ❑
49. Ich bin rechthaberisch.	Ja ❑	? ❑	Nein ❑
50. In Fragen der Gerechtigkeit kann ich kompromißlos sein.	Ja ❑	? ❑	Nein ❑
51. Gegen meine Prinzipien verstoße ich nicht.	Ja ❑	? ❑	Nein ❑
52. Im Betriebs-/Geschäftsleben ärgere ich mich, wenn andere Termine und Abma-chungen nicht einhalten.	Ja ❑	? ❑	Nein ❑

53. Im Zusammenleben mit meiner Familie und mit Freunden achte ich stets auf die Einhaltung von Regeln.	Ja	❏	?	❏	Nein	❏
54. Ich neige dazu, die Welt, aber auch mich selbst negativ aufzufassen.	Ja	❏	?	❏	Nein	❏
55. Ich bevorzuge einzelgängerische Hobbies vor solchen, die mit anderen gemeinsam ausgeübt werden.	Ja	❏	?	❏	Nein	❏
56. Humorvolle Großzügigkeit geht mir ab.	Ja	❏	?	❏	Nein	❏
57. Mein Ich-Ideal (so, wie ich glaube, sein zu müssen) und die Wirklichkeit klaffen oft auseinander.	Ja	❏	?	❏	Nein	❏
58. Ich wäge lange ab, bevor ich mich entscheide.	Ja	❏	?	❏	Nein	❏
59. Gesetze sind dazu da, eingehalten zu werden.	Ja	❏	?	❏	Nein	❏
60. Ordnung ist das halbe Leben.	Ja	❏	?	❏	Nein	❏

Die Fragen 41 bis 60 beziehen sich auf das Selbstwertgefühl. Menschen mit hoher Punktzahl (12 und mehr) haben Schwierigkeiten mit ihrer Selbstachtung. Sie neigen zur Strenge und Härte gegen sich selbst und gegen andere. Überanpassung auf der einen Seite und Neigung zur autoritären Haltung auf der anderen beeinträchtigen die Befriedigung ihrer Bedürfnisse. Alle vier Hauptbedürfnisse können davon betroffen sein. Frustrationen und Konflikte – die Minusseite gelungener Motivationen – sind häufig. Je niedriger die erreichte Punktzahl (8 und weniger), desto gelungener ist Ihre Persönlichkeitsentwicklung. Selbstbehauptung und Selbstbewußtsein, Realitätssinn und Selbständigkeit, Verantwortungsbereitschaft und Kooperationsfähigkeit sind bleibende Persönlichkeitseigenschaften. Es fällt Ihnen nicht schwer, sich selbst und andere Menschen zu motivieren.

Selbstverständlich können diese Fragen auch in Interviews eingesetzt werden.

9. Dem Bewerber vis-à-vis

Die erste Begegnung ist oft entscheidend. Der Zufall meint es gut, wenn man sich gegenseitig sympathisch findet. Sympathie ist eine Art „Tauschsystem". Man hat gemeinsame Interessen und Ansichten, und man bestärkt sich gegenseitig darin. Eine solche Übereinstimmung wird als Belohnung empfunden, so wie Lob oder Gefälligkeiten, die man sich gegenseitig erweist. Manchmal meint man sogar, menschliche Beziehungen liefen nach einer Kosten-Nutzen-Rechnung ab: „Ich finde dich sympathisch, also sei du auch nett zu mir!" Daran ist sicher viel Wahres. Aber auch abweichende Ansichten werden akzeptiert, wenn der andere besonders fähig ist, besondere Fertigkeiten besitzt oder tüchtig ist, sofern er einem gleichzeitig das Gefühl vermittelt, daß er einen mag.

Kompetenz und Tüchtigkeit, aber auch attraktives Aussehen machen einen Partner begehrenswert. Nicht immer mag man den Tüchtigen. Ist er ein „Macher", so wirkt er oft kalt, perfekt, übermenschlich. Ist er hingegen der Typ des guten oder besten Problemlösers, wird es ihm schwer gelingen, gleichzeitig auch der Beliebteste zu sein. Vielleicht legt er sich eine kleine menschliche Schwäche zu – das macht ihn dann sympathisch.

Als Faustregel kann gelten, daß uns diejenigen Menschen sympathisch sind, die uns Anerkennung und Bestätigung geben, Anerkennung in dem, worauf wir Wert legen, und Bestätigung mehr im allgemeinen Sinne der Akzeptanz der Person.

Der Alltag im Umgang mit Menschen bringt nicht nur unterschiedliche Aufgaben mit sich, sondern auch die Notwendigkeit, sich an manchen Tagen stündlich oder minütlich auf einen anderen Menschen einzustellen. Kennt man den Partner, so bedarf die Einstellung auf ihn lediglich einer kurzen Memorierung dessen, was man über ihn weiß. Beim Besuch tun wir das routinemäßig vor dem Betreten eines Büros.

Anders ist es bei der ersten Begegnung. Wir kennen den Bewerber nicht, höchstens die Firma, die Branche, die Funktion oder Position. Automatisch kommt eine im Gedächtnis verankerte Vorstellung auf, wie Menschen in diesem Milieu sind. Das kann helfen, aber auch schaden. Vis-à-vis dem neuen Gesprächspartner kommt unweigerlich Sympathie oder Antipathie gegenüber bestimmten Persönlichkeitseigenschaften oder -typen zur Wirkung – oft in sekundenschnelle. Denken Sie nur an die spontane Körpersprache, die „nie lügt"! Deshalb ist es wichtig zu wissen, wie wir auf den einzelnen Typus – unbewußt – reagieren. Welche Typen sind Ihnen sympathisch, welche unsympathisch?

Wenn Sie der Typ des Selbstbewußten sind, so glauben Sie wahrscheinlich mit Recht, mit den meisten Menschen gut auszukommen. Es bleiben aber dennoch einige übrig, die Ihnen Schwierigkeiten bereiten. Das kann der Machtmensch sein, der Cäsar oder der Unbekümmerte. Den meisten gegenüber werden Sie sich jedoch überlegen fühlen, ohne Überheblichkeit, einfach aus Ihrer Erfahrung heraus.

Der Vorgesetzte mit der Charakterologie des Aufsteigers wird zum Beispiel keine Schwierigkeiten haben mit den Typen Kontakt- oder Gefühlsmensch, dem Pflichtbewußten, Ängstlichen oder Geltungsbedürftigen, wohl aber mit dem Robusten, dem Pedanten oder dem Star.

Zunächst kann er möglicherweise mit den Typen Unbekümmerter, Außenseiter, Individualist, Narziß oder Cäsar wenig anfangen. Die „aufgestiegenen Aufsteiger" werden ihn möglicherweise irritieren, nicht so sehr jedoch die Dominatoren oder Machtmenschen, aber sicher die Gruppe, die weit weg ist von der Mentalität des Aufsteigers, wie z. B. der Geltungsbedürftige, Nörgler oder Radikale.

Treffen zwei Unbekümmerte aufeinander, wird die Kommunikation nach den ersten Abtastversuchen ohne weiteres gut sein. Trifft hingegen ein Sensibler auf Persönlichkeitstypen aus der Reihe der komplizierten, individualistischen und ichbezogenen Gruppe, wird er sich in der Regel durch sein Einfühlungsvermögen gut zu helfen wissen. Ist der Vorgesetzte der Typus Ingenieur, werden ihn viele der angetroffenen Typen menschlich kaum interessieren; er läßt sie mehr oder weniger alle gelten. Aber wenn ihm der Robuste gegenübersitzt, wird er ebenso Schwierigkeiten haben wie beim Machtmenschen oder beispielsweise dem Star.

Alles in allem sind Zufall und Glück entscheidend – es klappt mit dem Menschen oder nicht – wenn man nicht gelernt hat, wie die eigene Reaktion auf den Typus A, B oder C ist. Man hat mit diesen Schwierigkeiten und weiß nicht, woher sie kommen. Bei längeren Verhandlungen spürt man, daß man mit dem betreffenden Menschen nicht zurechtkommt, ist selbstverständlich nicht froh darüber und fühlt sich auch in der Argumentation unsicher. Was man auf der menschlichen Ebene nicht erreicht, geht dann meistens zu Lasten des Urteils.

Teilt man die 42 Typen in drei Gruppen – „meine leichten Fälle", „keine Probleme mit diesem Typus, obwohl er anders ist als ich" und „Typen, mit denen ich Schwierigkeiten habe" – löst sich ein Teil des Problems von selbst. Wenden Sie sich nun Ihren „schwierigen" Partnern zu. Wie sind sie? Wie können Sie sie besser verstehen? Wie sieht deren Welt von innen aus? Die charakterologischen Hinweise, die Struktur der Persönlichkeit und die typische Motivation geben Auskunft. Vergessen wir aber auch nicht, daß Persönlichkeitsunterschiede die Quelle aller befriedigenden und unbefriedigenden menschlichen Begegnungen sind.

Wenn also Sympathie und Antipathie auf Persönlichkeitsunterschieden beruhen, so ist das eigene Leitbild der Kompaß. Dieser deutet an, wer in meine Richtung und wer von mir wegzeigt. Welches Verhalten erwartete ich von den Menschen? Was hat mein Leitbild an Vorurteilen und Voreingenommenheiten bewirkt?

Persönlichkeitsunterschiede führen nicht nur zu Sympathie und Antipathie, sondern auch zu Indifferenz, zur gefährlichen Unbestimmtheit oder Gleichgültigkeit. Der andere (der nicht weiß, daß er in diesem Augenblick für Sie ein Indifferenter ist) spürt die Teilnahmslosigkeit und wird Ihnen gegenüber tatsächlich indifferent ... Wenn man einen Menschen nicht spüren kann, wenn er einem „nichts sagt", kann weder Sympathie noch Antipathie aufkommen. Totale Windstille, ein emotionsloser Raum, in dem der Funke nicht überspringen kann. Hier hilft nur: Aus sich herausgehen, auf den anderen zugehen, Gedanken und Meinungen äußern, Gefühle zeigen. Das sind für den Partner Hilfen, die meist dankbar angenommen werden. Der Mensch wird sichtbar und fühlbar ... Nähe wirkt anziehend. Kontakt bringt Sympathie.

Exkurs: Die Selbsteinschätzung und die Meinung Dritter

In den Ergebnissen von Persönlichkeitstests erscheint der Mensch meist anders als in der Selbst- oder Fremdbeurteilung. Folgender Versuch kann Ihnen darüber Aufschluß geben. Tragen Sie zunächst Ihre Selbsteinschätzung in die Tabelle der Persönlichkeitsfaktoren auf Seite 143 ein. Unterstreichen Sie dabei jene Merkmale, von denen Sie glauben, daß sie für Sie typisch sind. Die Randpositionen 1 und 2 bzw. 8 und 9 wählen Sie dann, wenn der linke oder rechte Pol in dem betreffenden Persönlichkeitsfaktor für Sie typisch ist. Zwischen 3 und 7 liegen 80 Prozent der meisten Testergebnisse.

Lassen Sie sich anschließend von einem guten Freund oder von Ihrem Lebensgefährten (Vorsicht wegen der Gefahr von Projektion! – Lebenspartner haben sich oft einiges überakzentuiert zu sagen!) beurteilen. Vergleichen Sie die Abweichungen und diskutieren Sie darüber, warum der andere Sie so sieht.

So, wie das Selbstbild, enthält auch das Fremdbild Subjektivismen und Verzerrungen. Man sollte aber die Herausforderungen, die das Fremdurteil bedeutet, annehmen.Wahrscheinlich wirken Sie auf viele andere Menschen ebenso. Darüber nachzudenken, warum dies so ist, lohnt sich.

Während einer Diskussion darüber läßt sich nicht verhindern, daß Gefühle geschont werden oder Meinungsstreit und versteckte Aggressionen aufkommen. Objektivität ist nicht immer zu erreichen, wohl aber Sachlichkeit, zu der man auch immer wieder zurückkehren sollte. Oft werden Auslegungsfragen von Begriffen diskutiert, um vom eigentlichen Inhalt abzulenken.

Diese Selbsteinschätzung machen Bewerber zwar mit gemischten Gefühlen mit, das Ergebnis kann aber für beide Seiten aufschlußreich sein.

Motive (wichtig für das dauerhafte Engagement) sind mit dem Selbstkonzept verknüpft. Hat jemand von sich das Konzept einer achtenswerten und akzeptierten Person, so wird er Achtung für sich selbst fühlen und Hoffnung auf Erfolg haben. Ist der Bewerber hingegen eine Person mit häufigen Mißerfolgen, so wird er entsprechend handeln und Angst vor Mißerfolgen haben. Das wiederum wird in seinem Ausdrucksverhalten sichtbar und – wenn man nicht an die Entwicklungsfähigkeit seiner Persönlichkeit glaubt – das Urteil negativ ausfallen lassen.

Das Bild, das Menschen von sich haben, ergibt sich aus ihren Erfahrungen, die sie mit sich selbst gemacht haben oder noch machen werden (Lebenslaufanalyse!). Es kann mit dem idealen, „wünschenswerten" Selbst weitgehend übereinstimmen (Selbstbewußter, Pragmatiker usw.). Je größer aber die Diskrepanz zwischen dem wahrgenommenen und dem wünschenswerten Selbst, um so mehr entsteht ein persönliches Problem, das den Betreffenden belastet: geringes Selbstvertrauen, Minderwertigkeitsgefühl, Ängste.

In diesem sensiblen Bereich der Persönlichkeit wird vom Interviewer viel Empathie erwartet. Sie ist weniger eine Technik als eine Haltung dem anderen Menschen gegenüber. Nicht Kritik und Verurteilung, sondern eher nichtwertendes Verstehen der inneren Welt des anderen in der zwischenmenschlichen Beziehung bleibt bestimmend. Durch diese Form der Einfühlung kann man auch die spontane Erfahrung für das Eignungsurteil machen, daß der Betreffende zwar Schwierigkeiten mit sich hat, aber auf dem besten Weg ist, sie zu meistern.

Zwar wird Selbsterkenntnis von den meisten Menschen eher gemieden, aber dort, wo sie gesucht wird, ist Wachstum möglich. Selbsterkenntnis und persönliches Wachstum bedingen einander. Wie sieht es beim Bewerber aus?

Versuchen Sie nun, anhand der Lebenslaufanalyse und der Selbsteinschätzung den Bewerber als Typus zu identifizieren.

Der Blick auf die Tabelle ermöglicht eine erste Orientierung. Genaueres finden Sie anschließend beim Typus. Es lohnt sich, sich noch einmal in die Beschreibungen zu vertiefen, um sicherzugehen. Denn jedes Symptom hat mindestens zwei Erklärungsmöglichkeiten. Verwenden Sie daher mehrere Symptome, um sie wechselseitig zu prüfen und so möglichst ein komplexes Gesamtbild zu erstellen.

Persönlichkeitsfaktoren

Positiver Pol (nicht wertend zu verstehen)		**Negativer Pol** (nicht wertend zu verstehen)
Starke Selbstbehauptung	1 2 3 4 5 6 7 8 9	Mangelnde Selbstbehauptung
Gehemmtheit		Mangelnde Hemmung
Unabhängigkeit der Meinungsbildung		Abhängigkeit der Meinungsbildung
Übereinstimmung mit kulturellen Normen		Mangelnde Übereinstimmung mit kulturellen Normen
Überschwenglichkeit		Unterdrückung von Gefühlen
Kortikale Wachheit (vorwiegend vom Verstand bestimmte Persönlichkeit)		Gefühlsbetontheit
Mobilisierung von Energie		Regression (Abwehrhaltung, Rückfall in frühere Stadien der Persönlichkeitsentwicklung, z. B. Trotz, Aggression usw.)
Angst		Anpassung
Realisierung (Wahrnehmung an der Realität orientiert)		Gespannte Inflexibilität (Hartnäckigkeit, nervöse Gespanntheit)
Asthenie (zart, mager, nicht belastbar)		Robuste Selbstsicherheit
Ganzherziges Verständnis		Willensschwäche
Gleichmut		Frustration
Behutsamkeit		Impulsive Veränderlichkeit
Extroversion		Introversion
Bestürztheit		Zuversichtlichkeit

Prüfen Sie: Wie sehe ich mich selbst? Wie sehen mich andere?

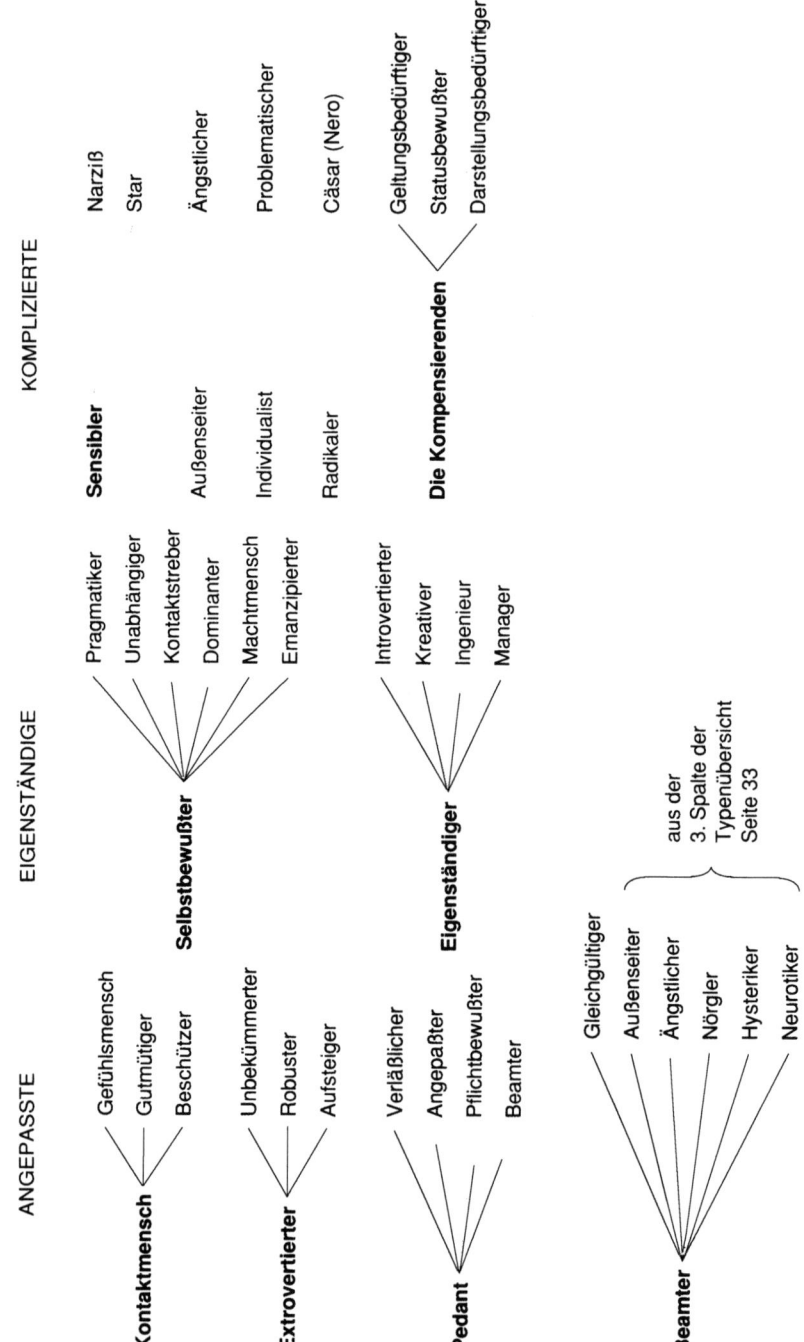

ANGEPASSTE   EIGENSTÄNDIGE   KOMPLIZIERTE

Kontaktmensch
- Gefühlsmensch
- Gutmütiger
- Beschützer

Selbstbewußter
- Pragmatiker
- Unabhängiger
- Kontaktstreber
- Dominanter
- Machtmensch
- Emanzipierter

Sensibler
- Narziß
- Star
- Ängstlicher
- Problematischer
- Cäsar (Nero)

Extrovertierter
- Unbekümmerter
- Robuster
- Aufsteiger

Außenseiter

Individualist

Radikaler

Eigenständiger
- Introvertierter
- Kreativer
- Ingenieur
- Manager

Die Kompensierenden
- Geltungsbedürftiger
- Statusbewußter
- Darstellungsbedürftiger

Pedant
- Verläßlicher
- Angepaßter
- Pflichtbewußter
- Beamter

Beamter
- Gleichgültiger
- Außenseiter
- Ängstlicher
- Nörgler
- Hysteriker
- Neurotiker

aus der
3. Spalte der
Typenübersicht
Seite 33

Zwei Beispiele: Ist jemand sozial eingestellt, weil er keinem etwas zuleide tun kann, selbst schlecht behandelt wurde oder wird, gütig ist, Auseinandersetzungen fürchtet oder selbst in seiner Jugend keine Nestwärme erlebt hat?

Ist jemand belastbar und ausdauernd, weil ihn starke Triebkräfte in die Richtung drängen, weil er beharrlich ist, bewußt seinen Willen einsetzt und sich steuert, Recht behalten will oder weil er ohne Schwung und Dynamik ist und den Zwang braucht?

Untrügerische Symptome gibt es ebenso wenig wie „eindeutige" Signale, auch wenn die unbewußten Botschaften der Körpersprache manchmal recht aufschlußreich sein können. Die „Wahrheit" findet sich in der Persönlichkeitsstruktur, im Persönlichkeitstypus. Halten Sie diesen dem Bewerber als Spiegel vor. Sind die Verzerrungen zu stark, muß bei einem anderen Typus mehr Übereinstimmung gesucht werden.

10. Das eigene Unternehmen

Jedes Unternehmen muß zwar nach dem höchsten Leistungsgrad streben, doch das Spektrum der Unternehmensziele ist vielfältiger. Neben Wirtschaftlichkeit, Rentabilität und Gewinn gehören auch Sicherheit (sowohl Absicherung im Markt als auch finanziell) und Unabhängigkeit dazu, aber auch Prestige, Macht, ethische und soziale Ziele. Kennt man sie, so tut man sich als Neuling leichter.

Größe, Art und Struktur einer Organisation, Unternehmensphilosophie, Traditionen, Unternehmenskultur und Eigenwerbung in Corporate Identity-Broschüren sagen manches über die „Unternehmenspersönlichkeit" aus. Im persönlichen Kontakt erfährt man die in der Firma üblichen Denkmuster, die herrschenden Überzeugungen und die Gegenströmungen in diesen oder jenen Unternehmensteilstrukturen. Ordnungssysteme leuchten auf, Potentiale werden sichtbar, Ressourcen bekannt. Man weiß, wo man anzusetzen hat.

Zur Selbstdarstellung der Unternehmen gehörten immer schon die Verwaltungsgebäude, Technologie und Symbolsysteme wie Architektur, Dekos und Firmenzeichen. In dem Streben nach einer positiven Corporate Identity werden dem Management bestimmte Werte zugrunde gelegt, Strategien entworfen usw.; neben dem Corporate Design, meist gekoppelt mit einem Firmen-Logo, tritt die Forderung nach dem Corporate Behavior hervor, dem für alle gültigen Verhaltensmuster gegenüber der Öffentlichkeit. Das alles ist ernstzunehmendes Dekor, das neuen Mitarbeitern möglichst ungeschminkt nahegebracht werden sollte.

Wenn man ein Unternehmen besichtigt, sieht man eine verwirrende Zahl einzelner Bestandteile – Menschen und Objekte. In welchem Zusammenhang stehen sie? Wir sehen nichts von dem, was „Organisation" ist, nämlich ein System von Regelungen. Wir sehen keine Instanzen und keine Funktionen, keine Zentralisation und keine Dezentralisation. Was wir aber sehen, sind Menschen, die in bestimmten Beziehungen zueinander stehen. Wir sehen die soziale Organisation. Und sie darf kein Buch mit sieben Siegeln bleiben.

Es lohnt sich, drei Aspekte ein und desselben Unternehmens einmal getrennt zu betrachten – den betriebswirtschaftlichen, den technologischen und den sozialen.

Als erster Aspekt bietet sich dem Betrachter der technologische an. Beeindruckend sind oft nicht nur die Verwaltungsgebäude, sondern auch die Produktionsstätten. Klassische und moderne Technologie wird einem vorgeführt, und selten wird verschwiegen, was man eigentlich noch besser machen möchte. Zur Sprache kommen auch die gerade laufenden Maßnahmen der Organisationsverbesserung, Rationalisierungs- und Steuerungsvorhaben. Ein Betriebsrundgang kann für den aufmerksamen Bewerber oder Neuling eine Fundgrube für seine Vorgehensweise und Strategie sein. Was will der Betrieb? Wohin laufen die Aktivitäten? Wie ist der technologische Stand? Wie kann man bei der Verwirklichung der Planer, Organisatoren und Realisierer helfen, damit sie erreichen, was sie möchten?

Für den Techniker, der Sie begleitet, ist der Teil eines Industriebetriebes, in dem die Produktion stattfindet, zunächst konkret eine Zusammenstellung von Gegenständen, also z. B. Grundstücken, Gebäuden, Einrichtungsgegenständen, Werkzeugen, Maschinen, Nachrichtenübermittlungsanlagen und dergleichen. Diese Gegenstände sind nach einem bestimmten System ausgewählt und angeordnet. Wesentlicher Charakterzug dabei ist die technisch-mechanistische Logik. Dabei geht es um den größtmöglichen technischen Nutzeffekt. Technik soll eine Auslese und Kombination naturgesetzlicher Möglichkeiten bereitstellen. Die Auswahl des technisch vollkommenen Verfahrens ist eine naturwissenschaftlich-technische Überlegung. Sie kann überzeugend vorgetragen werden.

Meist bestimmt die Technik allerdings auch, wo der Platz des Menschen ist, was dieser zu tun oder nicht zu tun hat, welche seiner Eigenschaften und Fähigkeiten benötigt werden, ob er einen Einzelarbeitsplatz bekommt oder eine Gruppenarbeit usw. Technik bestimmt, wer mit wem, was, wann und wie zu tun hat – soweit technologische Gesichtspunkte maßgebend sind.

Es ist schwer, sich der Sachlogik des Ingenieurs zu entziehen. Anders sieht der Kaufmann „seinen" Betrieb. Für ihn arbeitet ein Betrieb um so wirtschaftlicher, je mehr es gelingt, ein hohes qualitatives Niveau der produktiven Faktoren zu erreichen. Es gilt, diejenige Kombination (Proportion zwischen den Faktoreneinsatzmengen) zu realisieren, die unter gegebenen betrieblichen Umständen und Möglichkeiten, die für den jeweiligen Produktionsumfang günstigste, d. h. billigste ist.

Daher die Zahlen- und Sachlogik, das Kostendenken. Der Prozeß der Leistungserstellung ist also dem Prinzip der Wirtschaftlichkeit unterworfen. Dieses ist der kategorische Imperativ, unter dem der wirtschaftliche Vollzug im Unternehmen steht. Der betriebswirtschaftliche Aspekt ist aber nicht der einzig gültige.

Für den Techniker ist der Betrieb etwas „ganz anderes". Wirtschaftliches Denken ist ihm zwar nicht fremd, als kategorischen Imperativ läßt er es jedoch nicht gelten. Der Kaufmann hat aber meist das letzte Wort. Ihm bleibt zu sagen, ob er die Technik bezahlen kann.

Der Betrieb ist keine Ansammlung beziehungsloser Roboter, selbst dort nicht, wo Roboter die Arbeit tun. Es sind wirtschaftliche Motive, die einen Betrieb entstehen lassen, und es sind primär wirtschaftliche Motive, die ihn erhalten. Zweifellos sind

Organisationen auch weniger an der Selbstverwirklichung ihrer Mitglieder interessiert als an der Bedeutung dieser Individuen für die Erreichung der Organisationsziele. Aber der Mensch schafft sich seinen eigenen Betrieb, indem er individuelle und soziale Motive einbringt. So ist jedes Unternehmen, jeder Betriebsteil, ein kompliziertes und mehrfach strukturiertes System. Der Neuling benötigt viele Hilfen, denn in aller Regel ist er weder Psychologe noch Soziologe.

Um sich in diesem vielschichtigen und komplizierten Gebilde Unternehmen zurechtzufinden, bedarf es des geschulten Auges des Menschenkenners. Einen wichtigen Ansatz können Rollen bzw. Rollenkonflikte bieten. Die Person in der Organisation hat eine bestimmte Rolle zu spielen, das heißt, die Erwartungen an das „richtige" Verhalten des Inhabers dieser speziellen Stelle sollen erfüllt werden. Die Frage, die man sich stellt, kann heißen: Wie spielt der Gesprächspartner seine Rolle? Aufgesetzt, widerwillig oder souverän? Das Gespür für die nur gespielte Rolle kann Anlaß sein, im engen persönlichen Kontakt mehr darüber zu erfahren, was der Partner möchte (vielleicht kann man ihm dabei helfen). Der souveräne Rolleninhaber ist mit (fast) allem einverstanden, was man von ihm (von oben her) will, und findet dabei auch noch persönliche Befriedigung. Seine Motive liegen auf der Hand und können als Gesprächsleitfaden dienen.

Das Unternehmen im dritten Aspekt, in dem wir es als Sozialgebilde begreifen, ist die eigentliche Organisation. Fachliche Kompetenz, Persönlichkeit und Einsatz müssen auf sie gerichtet sein. – Wie sind die Machtstrukturen? Welche Macht hat der Gesprächspartner? Wie kann sich der einzelne Mitarbeiter Autorität in diesem lebenden Organismus Betrieb verschaffen bzw. stufenweise erarbeiten? Das sind brennende Fragen, auf die ein Neuling nur selten eine Antwort erhält. Interessant sind für ihn auch folgende Beobachtungen:

- Wie verhalten sich die Mitarbeiter des Unternehmers im größeren Kreis und in Anwesenheit höherer Vorgesetzter?
- Wie ist der Führungsstil? Vordergründig und tiefer geblickt in Richtung der Hierarchie und Machtverteilung?
- Sind die Menschen gedrückt, fühlen sie sich frei, oder sind sie gar stolz auf ihren Betrieb?
- Auf welche Persönlichkeitstypen trifft man in diesem Betrieb?
- Welcher Typus herrscht vor: der Angepaßte, Beamte, Selbstbewußte, Geltungsbedürftige oder der Star?
- Welchen Typus hat man „gezüchtet", oder haben sich die vorherrschenden Typen im Laufe der Zeit nur „angehäuft", weil man keine qualitative Personalpolitik betrieben hat?

Jedes Unternehmen ist ein eigener Organismus, manchmal vielschichtig und kompliziert, gelegentlich auch einfacher strukturiert und besser überschaubar. Dennoch darf man sich nicht allein auf die offizielle Bezeichnung von Positionen verlassen.

Wichtiger sind die durch das ganze Unternehmen hindurch funktionierenden Gruppenstrukturen formeller und informeller Art. Informelle Gruppen gibt es vor allem in den hierarchischen Ebenen: auf der Vorstands- bzw. Geschäftsleitungsebene, auf der Ebene der Direktoren und Hauptabteilungsleiter. Weitere informelle Gruppen bilden sich in den Fachgruppen, bei den Ingenieuren, Kaufleuten, Technikern, Meistern, Akademikern, Sekretärinnen.

Diejenigen Partner, die regelmäßig guten Kontakt zueinander haben, besitzen auf längere Erfahrung beruhende gegenseitige Erwartungen. Die zwischen ihnen stattfindenden Informations- und Überzeugungsprozesse haben eine gute Chance, vom jeweiligen Partner beachtet zu werden, und der Neue sollte sich in diese Prozesse kreativ und helfend einschalten. Bedenken Sie dabei aber folgendes: Im allgemeinen wird eine Information danach bewertet, wer sie ausspricht und wie sich die Kommunikationspartner gegenseitig einschätzen. Wer als „glaubwürdig" gilt, darf hoffen, daß seine Information wohlwollend beurteilt wird. Wer den „richtigen" Ton anschlägt und sich auf die Überzeugungen und Werte des Kommunikationspartners einstellt, erleichtert die Annahme seiner Information.

11. Die optimale Stellenbesetzung

Stellenbeschreibungen spiegeln die internen Organisationsstrukturen wider. Sie geben ein Bild von der Arbeitstätigkeit, das detailliert genug ist, um präzise Aussagen über die personalen Voraussetzungen zu machen, die für die Erledigung von Aufgaben erforderlich sind.

Die Gewichtung der Tätigkeiten im Hinblick auf ihren Beitrag zum Unternehmenserfolg ist dabei offenbar ein Stolperstein menschlichen Urteilens und Wertens mit all seinen Stärken und Schwächen. Es ist aber äußerst wichtig, genau zu beschreiben, was zu tun ist, und ebenso den Zeitanteil abzuschätzen, der für einzelne Tätigkeiten aufgebracht werden muß.

Nicht zu vergessen sind die Umstände, unter denen die Tätigkeiten auszuführen sind, wie beispielsweise der Grad der Kooperation mit anderen, Aufgabenkomplexität, Zeitdruck usw.

Wichtige Gesichtspunkte sind auch:

- Wie fügt sich die Funktion in die anderen Aufgaben ein?

- Wer muß mit wem Rücksprache halten?

- Wer ist wem Rechenschaft schuldig?

- Wer koordiniert verantwortlich?

- Wer ist mitbestimmend auf dem Spezialgebiet?

- Wer ist verbindlich zu informieren?

- Liegt eine beratende Mitarbeit vor?

Erste Voraussetzung ist die schriftliche Festlegung der Organisationsstruktur mit Organisationsplan und der aktuellen personellen Besetzung. Dazu gehört die Verteilung (Aufteilung) der Aufgaben auf die verschiedenen Aufgabenträger und in bezug auf das Zusammenwirken einer Reihe von Stellen bei der Erfüllung der einzelnen Aufgaben (Funktionsdiagramm), die Kompetenzabgrenzung und das Vorgesetzten- und Untergebenenverhältnis.

Die wichtigsten Bestandteile der Stellenbeschreibung sind:

- Sachliche Festlegung der Aufgaben

- Nähere Erläuterung der organisatorischen Eingliederung der Stelle

- Angabe der organisatorischen Beziehungen

- Hinweise bzw. Anleitungen zur zweckmäßigen Aufgabenlösung

- Personelle Anforderungen aufgrund der Aufgabenstellung

Die in der Stellenbeschreibung niedergelegten Informationen dürfen weder Ansichten noch Wunschvorstellungen enthalten, sondern müssen Fakten für alle Beteiligten klar und deutlich wiedergeben. Dabei ist davon auszugehen, daß es sich bei der Darstellung der einzelnen Aufgaben um eine Soll-Beschreibung handelt, also um Aufgabenkomplexe, die der Stelleninhaber erfüllen soll. Im allgemeinen kann man annehmen, daß diese Aufgaben vom Stelleninhaber auch tatsächlich erfüllt werden, so daß im „Normalfall" die Soll-Beschreibung einer Ist-Beschreibung entspricht. Bestehen zwischen dem „Soll" und dem „Ist" einer Stelle Differenzen (z. B. bei der Besetzung der Stelle mit einem neuen Mitarbeiter oder nach der Umorganisation von Aufgaben innerhalb einer Abteilung), so sind diese festzuhalten. Sie dienen als Gesprächsgrundlage für gemeinsam zu planende Leistungsziele, um den Stelleninhaber durch Beratung und ggf. durch Weiterbildungsmaßnahmen in die Lage zu versetzen, die Anforderungen seines Arbeitsplatzes zu erfüllen.

Stellenbeschreibungen sind nicht statisch, sondern unterliegen dem Entwicklungsprozeß des Unternehmens; deshalb müssen sie entsprechend den veränderten Aufgabenstellungen „gepflegt" werden. Bei gravierenden Änderungen, wie z. B. der Übernahme neuer und/oder der Umverteilung bestehender Aufgaben, unterliegen die Stellenbeschreibungen der unmittelbaren Pflege.

Dazu heißt es beispielsweise in einer innerbetrieblichen Anweisung:

„Beim Ausscheiden eines Mitarbeiters und Ersatzeinstellung gilt zunächst – sofern nicht etwas anderes festgelegt wird – die Stellenbeschreibung des ausgeschiedenen Mitarbeiters. Nach Beendigung der Probezeit ist die ‚endgültige' Stellenbeschreibung anzufertigen. Bei der Neuschaffung von Stellen und der Einstellung eines Mitarbeiters (durch Einstellung von außen oder durch Versetzung von innen) gilt zunächst der Aufgabenkatalog, wie er in der Personalanforderung niedergelegt worden ist. Auch hier ist nach Beendigung der Probezeit die ‚endgültige' Stellenbeschreibung anzufertigen."

Alles in allem sind Stellenbeschreibungen kein organisatorischer Selbstzweck, sondern dienen dazu, die von einer Unternehmensführung getroffene Entscheidung, **mit Hilfe von Delegation von Verantwortung** zu führen, zu verwirklichen. Wesen und

Handlungsspielraum
für den Mitarbeiter

Führungshilfe
für den Vorgesetzten

**Klare Festlegung der allgemeinen Ziele
und Aufgaben durch die Stellenbeschreibung**

**Abgrenzung der Kompetenzen,
Entscheidungsbefugnisse und Verantwortung**

Grundlage für Auswahl,
Einsatz und Förderung
der Mitarbeiter

Grundlage der
Stellenbewertung und
Leistungsbeurteilung

Die Vorteile von Stellenbeschreibungen im Gesamtzusammenhang

Bedeutung der Stellenbeschreibung können erst dann voll erkannt werden, wenn man auch den sozialen und humanen Zweck bewertet:

Der Mensch wird mit seinen Fähigkeiten und Bedürfnissen gefördert.

In der Stellenbeschreibung steht nicht nur, welche Arbeiten der Stelleninhaber zu erledigen hat, sondern auch, nach welchen Gesichtspunkten er welche Anforderungen erfüllen muß und welchen besonderen Bedingungen er ausgesetzt ist – was sonst gern vernachlässigt wird. Kompetenzen und Entscheidungsbefugnisse ermöglichen die Befriedigung einer ganzen Reihe von Bedürfnissen. Und das Tragen von Verantwortung stärkt bei den meisten das Selbstwertgefühl.

Ein Einwand, der häufig vorgebracht wird, ist, daß Unternehmeraufgaben auf den Abhängigen abgeladen würden. Fragt man die „Delegierten", so ist die Reaktion durchweg positiv. Selbst die Übernahme von Verantwortung bereitet keine Schwierigkeiten, sofern geklärt ist, was damit gemeint ist, nämlich: Rechenschaft ablegen, für etwas einstehen und Konsequenzen übernehmen müssen für all das, was im eigenen Delegationsrahmen geschieht.

Um nicht in das andere Extrem zu verfallen, darf die Einführung und Formulierung von Stellenbeschreibungen nicht zum Bau kooperationshemmender Sandburgen führen bzw. zu bürokratischen Etappenfuchsbauten mit der Aufschrift „Nicht verantwortlich". Soll und Ist werden zwar nie „hundertprozentig" übereinstimmen, denn überall gibt es informelle Veränderungen der Formalorganisation und auch Grabenkämpfe. Jedoch ist die zur rechten Zeit gezückte Stellenbeschreibung ein Mittel, auf das man sich berufen und mit dem man seine Rechte wahren kann.

Wie ausführlich darf eine Stellenbeschreibung sein?

Für einen Rechnungsprüfer schlägt Schwarz[2] mit denkbarer Gründlichkeit eine Beschreibung von sechs Druckseiten vor, davon allein 25 Absätze mit der Formulierung von Einzelaufgaben. Ein solches Werk scheint für die Ewigkeit geschaffen. Tätigkeiten, Aufgabenstellungen und Bedingungen zu deren Lösung ändern sich zu rasch, als daß man das Ganze wie ein bürokratisches Regelwerk fassen könnte.

Eine ähnlich bürokratisch aufgesetzte Stellenbeschreibung, die allerdings mit zwei Seiten auskommt, ist beispielsweise die eines Werkstattleiters in einer Maschinenfabrik auf der gegenüberliegenden Seite. Alle Angaben in dieser exemplarischen Stellenbeschreibung sind knapp formuliert, das Ganze wirkt funktionalisiert, eigentlich entmenschlicht. Aus solchen Beschreibungen, die sehr verbreitet sind, geht wenig in bezug auf den Menschen hervor, wie z. B. dieser Werkstattleiter sein könnte oder sein sollte. So, wie der Text es nahelegt, kann das jeder Ingenieur mit einigen Jahren Betriebspraxis sein. Leuchtet man den Hintergrund solcher Aussagen aus, so sieht man als Personalberater nicht irgendeinen Ingenieur, sondern eine bestimmte Persönlichkeit mit Konturen, der man zutraut, daß sie das alles auch bewerkstelligen kann. Denn diese Position erfordert ein hohes Maß an Kontakt- und Kommunikationsfähigkeit, Sozialkompetenz und persönlichen Eigenschaften, um auch die entsprechende Autorität zu haben. Vor allem „Organisatorische Leitung", „Personalführung" und „Informationsaustausch" („Austausch" allein bringt gar nichts, auf die Beeinflussung und Motivation anderer, die einem nicht unterstellt sind, kommt es an!) legen nahe, daß nur eine Persönlichkeit mit bestimmten Eigenschaften Erfolgschancen haben wird.

---

[2]Schwarz, Horst, Arbeitsplatzbeschreibungen, Freiburg im Breisgau, 1968.

Stellenbeschreibung
Nr. 1

Datum	ersetzt Datum
Neubewertung erforderlich	___ ja ___ nein

Kostenstelle	Abt	Telefon	Stellenbezeichnung		

Personal-Nr.		Name		Vorname	geb.

Tätigkeits-Nr *		Eintritt bei		jetzige Stelle seit	

Stellung in der Organisation nacht Berichtsstrukturplan

berichtet direkt:

direkt berichtende Stellen: 3 Meister

Vollmachten/Stellvertretung: –

Ziel der Stelle   Zeitanteil
ca. %

1.   Leiten und Führen des Werkstattbereiches

1.1   Fachliche Leitung   30
    1.1.1 Fachliche Beratung der Meister u. MA in schwierigen Fragen
    1.1.2 Qualitätsfestlegung, Nacharbeit
    1.1.3 Beratung der Konstrunktion und Arbeitsvorbereitung in
           schwierigen Fertigungs-, Montage- und Lagerausgußfragen
    1.1.4 Beobachtung der technischen Weiterentwicklung der Ferti-
           gungsmethoden und Prüfung der Anwendbarkeit
    1.1.5 Ausarbeiten von Vorschlägen zur Investitionsplanung und
           Beschaffung nach deren Genehmigung
    1.1.6 Arbeitsplatzgestaltung

1.2   Organisatorische Leitung   30
    1.2.1 Koordination der Auftragsabwicklung innerhalb der Werk-
           stattleitung und außerhalb, in Abstimmung mit ... und ...
    1.2.2 Setzen von Prioritäten
    1.2.3 Kurz- und mittelfristige Personalplanung und Personalver-
           setzung, in Zusammenarbeit mit den Meistern und anderen
           Werkstattleitungen hins. Fertigungsterminen u. Auslastung

1.3   Personalführung und persönliche Betreuung von Mitarbeitern   15
    1.3.1 Zielsetzung dür die einzelnen Abteilungen, Delegation von
           Aufgaben und Kontrolle der Durchführung
    1.3.2 Veranlassen der Schulung von Meistern und rechtzeitiges
           Fördern des Meisternachwuchses
    1.3.3 Durchführen von Meistergesprächen und persönlichen
           Gesprächen mit Mitarbeitern
    1.3.4 Leistungsbeurteilung der Meister und Überwachen der ein-
           heitlichen Maßstäbe in den Meisterbereichen

2.   Kostenbeeinflussung   20

2.1   Festsetzen u. Überwachen der Plankosten für die einzelnen Abt.

2.2   Reduzieren der auftragsbezogenen Kosten durch Vorschläge, Ver-
    einfachungen und Erreichen fertigungsgerechter Konstruktionen

2.3   Planvolle Durchführung von Rationalisierungsmaßnahmen

* wird im Personalwesen eingetragen

Zusatz- bzw. Sonderaufgaben

1. Festlegung und Überwachung von komplizierten Reparaturarbeiten
1. Ausarbeiten von Angebotne für Lohnaufträge
3. Abwickeln von Lohnaufträgen
4. Mitwirkung bei der Investitionsplanung
5. Beurteilung fehlerhafter Teile und Entscheidung über weitere Maßnahmen
6. Verbessern und verfeinern von Gießtechnologien
7. Kontrolle und Kontierung von Mehrarbeitskarten und Ersatzzetteln
8. Stellvertreter des Werkstattleiters ...

Entscheidungsbefugnisse

1. Betriebsmittel und Produktionsmittel im Rahmen der Investitionsplanung
2. Prsonaleinsatz
3. Setzen von abteilungsinternen Prioritäten und Terminplanung nach Zustimmung von ...
4. Beurteilung fehlerhafter Werkstücke und Festlegen evtl. Nacharbeitsmethoden
5. Leistungsbeurteilung von Mitareitern

Verantwortung bezogen auf

Stellenziel: Einhalten der vereinbarten Qualität, der geplanten Kosten und der Termine

Mitarbeiter: direkt: 3 Meister; indirekt: 3 Untermeister und ca. 70 gewerbliche Mitarbeiter (im Vertretungsfall 5 Meister, 6 Untermeister, ca. 160 Mitarbeiter)

Sachwerte bzw. Vorschriften: Maschinen und Anlagen im Werte von ca. 5 Mio DM Einhalten von BVG, MTV, UVV, Arbeitsordnung u.ä.

Informationsaustausch und Zusammenarbeit (Kontakte)

innerbetrieblich: sämtliche Abteilungen des Betriebes und der Konstruktion sowie

außerbetrieblich: ☒ Kunden   ☒ Lieferanten   ☐ Banken   ☒ Behörden   ☐ Institutionen

                  ☒ Dienstreisen (gelegentlich, häufig)

                  Klassifikationsgesellschaften

besondere stellentypische Erschwernisse

z.B. Umwelteinflüsse durch häufigen Wechsel Büro/Werkstätten Zugluft, Lärm, Temperaturwechsel warm/kalt

Unterschriften:

Stelleninhaber	direkter Vorgesetzter	übergeordneter Vorgesetzter'

Persönlichkeitsfaktoren

Anforderungsprofil für:

Werkstattleiter

	sehr gut / sehr stark	gut/stark	mittel	schlecht / schwach	sehr schlecht / sehr schwach
Kontaktfreudigkeit	☐	☐	▣	☐	☐
Intelligenz	☐	▣	☐	☐	☐
emotionale Stabilität	☐	▣	☐	☐	☐
Dominanz	☐	▣	☐	☐	☐
Energie, Tatkraft	☐	☐	▣	☐	☐
Verläßlichkeit	☐	▣	☐	☐	☐
aktives Kontaktstreben	☐	▣	▣	☐	☐
Feinfühligkeit	☐	☐	☐	▣	☐
Mißtrauen, Argwohn	☐	☐	▣	☐	☐
Unkonventionalismus	☐	☐	▣	☐	☐
Korrektheit, Nüchternheit	☐	▣	☐	☐	☐
Ängstlichkeit	☐	☐	☐	▣	☐
Radikalismus	☐	☐	▣	☐	☐
Selbständigkeit	☐	☐	▣	☐	☐
Selbstdisziplin	☐	▣	☐	☐	☐
nervöse Spannung	☐	☐	☐	▣	☐

16-Faktoren-Persönlichkeitsprofil für die Position „Werkstattleiter"

Wird anhand einer solchen Stellenbeschreibung ein Bewerber ausgewählt, so tappt man in bezug auf die „richtige Persönlichkeit" im dunkeln, muß „raten", ob A besser geeignet sei als B und ob nicht C das Rennen machen sollte ... Das wenigste, was man dem Auswahlprozeß zugrunde legen sollte, ist ein 16-Faktoren-Persönlichkeitsprofil. Für die Stelle des Werkstattleiters könnte ein Bewerber mit dem Persönlichkeitsprofil von Seite 157 geeignet sein.

Die folgende Stellenbeschreibung zeigt insbesondere das „Wie" der Aufgabenerfüllung und die Bedingungen, unter denen der Stelleninhaber agieren muß. Was der Stelleninhaber an Wissen, Können und persönlichen Eigenschaften mitbringen sollte, steht unter „Anforderungen".

Stellenbeschreibung für Leiter Projekt-Management

I. Ziele der Stelle   *Anforderungen*

Die Projekt-Organisation wird zur Durchführung spezieller Projekte geschaffen. (Unter einem Projekt soll im Rahmen dieser Stelle ein zeitlich begrenztes, in der Zielsetzung klar definiertes Problem verstanden werden, das in der Regel einen hohen Verflechtungsgrad zwischen den Teilaufgaben bedingt.)

Intellekt
klare Definitionen
Übersicht

Ziel der Aufgabe ist es u. a., die Transparenz des Projektes zu gewährleisten,
eine bessere Koordination der Abteilungen und Stellen, die am Projekt arbeiten, zu ermöglichen, allen Betroffenen eine bessere Orientierungsmöglichkeit zu geben,
die Beziehung zu den betroffenen Abnehmern zu verbessern,
die Entwicklungszeiten so kurz wie möglich zu halten,
geringe Programmkosten anzustreben, hohe Qualität, größere Zuverlässigkeit im Ergebnis zu erreichen,
bessere Kontrolle über den programmäßigen Ablauf zu sichern.

logisch analysierende
Schlußfolgerung

Kontakt und Kooperation

Kommunikation
aktives Kontaktstreben

vielfältiges,
differenziertes
Fachwissen

II. Aufgaben

Der **Projekt-Manager** sorgt im Rahmen seiner Aufgabe und Gesamtzielsetzung dafür, daß die technische Spezifikation jeweils klar ist,	*Systematik* *Sorgfalt* *Anschaulichkeit/* *konkretes Denken*
die Zeiten geprüft und realistisch sind,	
die Kosten – je nach Fall – exakt berechnet bzw. geschätzt sind,	*Pragmatismus*
die Zuverlässigkeit im Ablauf und in der Ablaufsteuerung gegeben ist,	*Zuverlässigkeit*
für die Zuteilung der notwendigen Mittel gesorgt ist,	*Logik:* *begreifen, schließen,* *urteilen*
eine einwandfreie Zusammenarbeit zwischen Projekt-Organisation und Stammorganisation gegeben ist.	*Information/* *Kommunikation*
Projekt-Management umfaßt bzw. bedingt alle vom Projekt determinierten Aufgaben wie	*Nüchternheit/Korrektheit* *Analyse*
Analysieren und Konzipieren (z.B. Fixierung der Ziele),	*Konzeption* *Plan*
Planen und Festlegen der Prioritäten,	*Eingriff in Organisation* *und Ablauf*
Organisieren,	
Führen,	*emotionale Stabilität*
Anleiten,	*Mut*
Kontrollieren (u. a. Analyse und Beurteilung der erzielten Zwischen- und Endergebnisse).	*„Controlling"* *Durchsetzung*
Das Koordinieren aller zur Erreichung der Ziele notwendigen betrieblichen und außerbetrieblichen Aktivitäten, – wie dem Ziel, bis hin zur Ergebnisrechnung zu planen und zu überwachen, um so den Markterfolg und Gewinn sicherzustellen.	*aktives Kontaktstreben* *Unbekümmertheit* *Selbstdisziplin* *„Controlling"* *Dominanz*
Im Rahmen des Marketingprogramms soll für jederzeitige taktische Anpassung gesorgt sein.	*Marketing*
Alle diese Aufgaben sind vom Leiter Projekt-Management in das bestehende unternehmerische Konzept zu integrieren.	*Management-by-* *Objectives* *Management-by-* *Motivation*
Die **innerbetriebliche** Koordination bezieht sich auf:	Vertrauen, geringer Argwohn
• Analyse und Interpretation von Untersuchungen bezogen auf Projekte und neue Produkte,	*Präsentationstechniken*

- Kurzfassungen (Briefings) mit Aufgabenstellung für Kontaktstellen,

Methoden der Gruppendynamik

- Zusammenfassung und Kommentierung der erzielten Ergebnisse.

Führung

Die **außerbetriebliche** Koordination bezieht sich auf:

- Kontaktpflege zu Kunden, Lieferanten und zum Handel,

aktives Kontaktstreben

- Ämtern und Behörden,

- Marktforschungsinstitute, Designer für Produkt- und Verpackungsgestaltung, Werbeagenturen.

Kommunikation Kooperation

Controlling-Aufgaben

Insoweit die Steuerung oder Regulierung der Aktivitäten des Unternehmens bei Projekten und Produkten in Übereinstimmung mit den Plänen des Unternehmens zu erfolgen hat.

Kontaktfreudigkeit Intelligenz Verläßlichkeit

III. Kompetenzen und Verantwortung

Anders als in angestammten Organisationseinheiten gestalten sich in diesem Metier Kompetenz und Verantwortung: **Der Projekt-Manager trägt die volle Verantwortung für das Projekt.**

Verantwortungsbewußtsein Verantwortungsbereitschaft Verläßlichkeit geringe Angst

Er hat die Kompetenz und Verantwortung, dafür zu sorgen, daß die funktionellen Abteilungen an dem übergeordneten Projekt mitwirken, daß sich das Projekt in den verschiedenen Funktionsabteilungen nicht verliert.

Führungseigenschaften, wie Nüchternheit Korrektheit emotionale Stabilität Selbstdisziplin Selbstbehauptung

Neue Projekte fordern rasche Kommunikation und schnelle Entscheidungen. Daher ist die Entscheidungsbefugnis auf eine Person, den Projekt-Manager, konzentriert.

Entscheidungsfähigkeit Risikobereitschaft Selbstkontrolle

Der Stelleninhaber wird tätig im Rahmen der Ablauforganisation; anders sind seine Aufgaben nicht durchzuführen. Das heißt aber – und es ist so gewollt –, er greift ein in die normalen Abläufe; er greift auch nolens volens ein in die Gestaltung des räumlich-zeitlichen Zusammenwirkens aller potentiellen Faktoren, von den Kosten bis zum Gewinn, von den Entwicklungs- und Produktionskapazitäten bis zu administrativen Zeiteinheiten. Das ist Aufgabe und Kompetenz.

Organisationskenntnisse
Erfahrung in
Organisationen
Management-by-
Delegation
Fähigkeiten des
informellen Führens
Information und Kommuni-
kation
Vertrauen
pragmatischer Realismus

Das bedingt persönliche Autorität, bedingt auch Kommunikations-, Kooperations- und Verhandlungsfähigkeit bei allen Stellen und Instanzen. Schließlich hängt der Erfolg auch von der Art und Intensität der Wahrnehmung der Aufgabe ab, aber auch davon, daß er von Führungskräften des Hauses als Hilfestellung angesehen wird.

persönliche Autoritäts-
quellen wie
Sachverstand
Objektivität
Stehvermögen/Mut
natürliche Dominanz
Fairness
innere Reife

Die Kompetenzen entsprechen insgesamt dem in den Teilen „Ziele der Stelle" und „Aufgaben" geschilderten Handlungsrahmen, d. h. der Stelleninhaber ist befugt, alle damit zusammenhängenden Entscheidungen zu treffen.

Entscheidungskompetenz

Die Verantwortung des Stelleninhabers deckt sich damit. Insoweit ist er verantwortlich für die genannten „Ziele" und „Aufgaben" und alle getroffenen Maßnahmen, aber auch für die Unterlassung notwendiger Maßnahmen.

Eigenschaften der
„Führungspersönlichkeit"

Das im Hause geltende Delegationsprinzip und die Führungsrichtlinien sind zu berücksichtigen.

kooperativer Stil

Aus den Hinweisen zum notwendigen Wissen, Können und Wollen geht hervor, daß sich, das Fachliche vorausgesetzt, folgende Persönlichkeitstypen eignen:

- der Selbstbewußte

- der Pragmatiker

- der Manager

- der Aufsteiger

Da man in der Regel nicht nach dem Persönlichkeitstypus, sondern nach anderen Merkmalen sucht, findet man unter den Bewerbern die unterschiedlichsten Individuen. Im „Angebot" enthalten sein könnten folgende Persönlichkeitstypen, die jedoch aus verschiedenen Gründen ausscheiden müssen:

- der Kontaktmensch   (hält zu geringe Distanz)

- der Robuste   (ihm fehlt das Einfühlungsvermögen)

- der Extrovertierte   (hat es schwer, persönliche Autorität aufzubauen)

- der Verläßliche   (sein Aktionsrahmen ist zu beengt)

- der Angepaßte   (ihm fehlt die Unabhängigkeit)

- der Kreative   („rennt" der Truppe weg)

- der Geltungsbedürftige   (zu ichbezogen)

Zur weiteren Prüfung und Absicherung des Urteils sei das 16-Faktoren-Persönlichkeitsprofil wegen seines optisch leicht erfaßbaren Bildes zu empfehlen.

Das Persönlichkeitsprofil wertet nicht: Je nach Anforderung der Stelle ist das eine Merkmal „richtig", wenn es „stark" ausgeprägt ist, und in einem anderen Fall passend, wenn es „schwach" ist. Es muß jeweils überlegt werden, was gebraucht wird, worauf es ankommt, welche Eigenschaften die optimale Persönlichkeit in dem jeweiligen Fall besitzen muß.

Bevor auf die Persönlichkeit – den geeigneten Persönlichkeitstypus – eingegangen werden kann, seien für den praktischen Gebrauch die Persönlichkeitsfaktoren näher erläutert.

Persönlichkeitsfaktoren

Anforderungsprofil für:

Leiter Projekt-Management

(Optimales Profil)

	sehr gut / sehr stark	gut/stark	mittel	schlecht / schwach	sehr schlecht / sehr schwach
Kontaktfreudigkeit		■			
Intelligenz	■				
emotionale Stabilität		■			
Dominanz	■	■	■		
Energie, Tatkraft	■				
Verläßlichkeit		■			
aktives Kontaktstreben	■				
Feinfühligkeit			■		
Mißtrauen, Argwohn				■	
Unkonventionalismus		■			
Korrektheit, Nüchternheit	■	■			
Ängstlichkeit				■	
Radikalismus			■		
Selbständigkeit		■			
Selbstdisziplin		■			
nervöse Spannung			■		

16-Faktoren-Persönlichkeitsprofil für die Position „Leiter Projekt-Management"

Checkliste Persönlichkeitsfaktoren

Die 16 Persönlichkeitsfaktoren sind nun durch Fragen näher einzugrenzen. Bei den folgenden Erläuterungen wurde jeweils der positive Begriff gewählt. (Energie, Tatkraft steht für die Pole „zufriedene Heiterkeit – Neigung zu Depressionen", aktives Kontaktstreben für „Unbekümmertheit – Forschheit", Unkonventionalismus für „pragmatischer Realismus – primitive Ich-Bezogenheit".)

Kontaktfreudigkeit

Kommt er offen und ungeniert auf Sie zu? Ist er unkompliziert und auf angenehme Weise direkt? Geht er auf Menschen zu? Neigt er zur Geselligkeit? – Oder ist er eher reserviert und kühl? Kann man von ihm sagen: Er will Kontakt, er freut sich über Geselligkeit, oder schottet er sich lieber ab? Ist er „zwischendrin" – aber in der Begegnung oder in der Gruppe der „Macher"? – Oder ist er Mitläufer oder der Außenseiter in der Gruppe?
Fragen Sie nach Lebensgewohnheiten, Vorlieben, privaten Beschäftigungen. Wo sucht jemand Geselligkeit, und welche Rolle spielt er dort? Hat er vielleicht ein Amt inne? usw.

Intelligenz

Wie „stimmig" sind seine geäußerten Gedanken? Wie ist die Auffassungsgabe, die geistige Wendigkeit in neuen Situationen? Zeigt er Einsicht, Erkenntnis – oder stellt er z.B. die Ereignisse seines Lebens schief dar? Stellen Sie verzögerte oder erschwerte Auffassung fest? Kann er Probleme lösen – oder geht er Problemsituationen eher wenig flexibel an? Intelligenz ist im Bereich des erworbenen Wissens (Schule, Beruf, Fachliches) weniger gut festzustellen.
Ob das Wissen mit lebendiger Intelligenz aufgeschnappt oder mit dem Nürnberger Trichter eingeflößt wurde, kann man nicht ohne weiteres erkennen. Besser ist es, wenn man sich durch das Leben des Bewerbers hindurchfragt und auf Randgebiete ausweicht. Je mehr er zu außerberuflichen Dingen Stellung nimmt, desto deutlicher werden z.B. oberflächliches oder sorgfältiges, ungenaues oder systematisches Denken sichtbar usw.

Ist er stark oder schwach vom Gefühl abhängig? Werden Gefühle beherrscht und rational verarbeitet – oder neigt er eher zu spontanen Gefühlsäußerungen bzw. fallweise zu Gemütsschwankungen? Wie steht er der Wirklichkeit gegenüber? Beruht sein Verhalten auf Realismus? Liegt Beständigkeit und Reife in seinem Wesen – oder das Gegenteil?

Emotionale Stabilität

Emotionale Stabilität will sagen, ob ein Mensch in sich ruht und nur schwer aus dieser Ruhe zu bringen ist. Das gibt stabile Verhaltensweisen. Getragen wird die emotionale Stabilität von der Ich-Stärke. – Der Ich-Schwache wird (wenn er nicht gerade dummdreist ist) emotional immer anfällig und labil sein.

Ist er bestimmt in seinem Verhalten? „Steht er seinen Mann"? Besitzt er Selbstbehauptung? Wenn er einem anderen gegenüber steht, zeigt er dann Konkurrenzverhalten und Durchsetzung – oder ist er eher anpassungsfähig, ein- und unterordnungsbereit? Wie sehr dominiert er also? Dominanz kann man nur eine kurze Weile „spielen". Sobald der Interviewer in die Chefrolle geht, bricht die gespielte Dominanz zusammen, und aus Haltung und Sprache sind Unterordnung, ja Unterwürfigkeit erkennbar. Fragen Sie insbesondere nach allen Paar- und Gruppenverhältnissen, in denen er sich bewegt – und welche Rolle er dort spielt.

Dominanz

Froh und heiter, unbekümmert und überschwenglich, dabei tüchtig – und wenn es darauf ankommt, auch diszipliniert, das zeugt von sehr starker Energie und Tatkraft. Oder ist der Bewerber eine kleine Maus, die sich nicht aus dem Loch traut? Ein beschwingter, optimistischer Mensch „greift" nach den Menschen und Dingen seiner Umwelt und zögert nicht. Wie stark ist die Einsatzbereitschaft? Erscheint er Ihnen dynamisch? Oder ernst, wenig locker, eher ausdauernd?

Energie, Tatkraft

Ein gesetztes, ernstes Wesen, auch wenn mit Freundlichkeit gepaart, deutet meist auf schwache bis sehr schwache Ausprägung dieses Faktors. Zur Erscheinung und zur
Wirkung, die oft schon eine deutliche Sprache sprechen,
können Fragen in Richtung folgender Gebiete kommen:
Lieblingsbeschäftigungen, Art der Lektüre oder der
bevorzugten Fernseh- bzw. Rundfunksendungen und
Künstler oder die Frage nach dem „schönsten" Erlebnis
und anschließend dem „schlimmsten"...

Zieht sich durch seinen beruflichen und menschlichen   *Verläßlichkeit*
Werdegang das, was man „Verläßlichkeit" nennt? Ist er
gewissenhaft, verantwortungsbewußt? Erfüllt er seine
Pflicht? Er könnte beständig, nach außen orientiert, offen
und sozial angepaßt sein (= meist hohe Verläßlichkeit).
Oder: situationsbezogen, nicht immer prinzipientreu,
impulsiv (= meist geringe Verläßlichkeit).
Man sucht nach Zeichen der Verantwortungsbereitschaft,
nach situativen Schilderungen, in denen sich sein Verantwortungsbewußtsein gezeigt hat.

Dabei wird sich ggf. auch das Gegenteil herausstellen. Es
ist für das Interview vorteilhaft und für das Studium des
Individuums nur fair, wenn sich der Interviewer hier als
„Sittenrichter" zurückhält. Die beiden Pole nämlich, zwischen denen der einzelne seinen typischen Standort
gefunden hat, sind: „pedantische Gewissenhaftigkeit" auf
der einen und „spontanes, leichtfertiges Handeln" auf der
anderen Seite. Will man oder braucht man eine gewisse
Spontaneität, so darf man es bei der Einstellung mit der
„Gewissenhaftigkeit" bzw. „Verläßlichkeit" nicht übertreiben.
(Weniger „Verläßlichkeit " heißt nicht „weniger gut",
„weniger brauchbar" oder „schlecht". Ein „pedantisch
verläßlicher" Verkaufsleiter wäre ein schlechter Verkaufsleiter, ein „unbeständig leichtfertiger" Buchhalter
ein schlechter Buchhalter ...)

„Soziale Initiative" ist eine eher selten vorkommende Eigenschaft einer Person. Wir wünschen sie und wir brauchen sie überall: in der Gemeinde, in Gremien, in der Elternversammlung, im Verein, im Gemeinderat, ja bei einer Party. Die meisten sind abwartend und zurückhaltend – warten auf den „Kontaktstarken".

Aktives Kontaktstreben

Kontaktstreben ist nicht das gleiche wie Kontakt**freudigkeit**. – „Wer zu anderen strebt", ist in diesem Sinne einer, dessen Selbstgefühl in Ordnung ist, der im Gefühl der eigenen Wirkungsmacht ist, der das Gefühl des eigenen Wertes hat. Er „weiß, was er will". – Ist das Kontaktstreben aktiv und stark, so kann der Betreffende nicht nur auf andere zugehen und sich in die Gruppe integrieren; er spricht, er hält den Informationsfluß in Gang, er bestimmt, „wo es lang geht". – Schwaches oder sehr schwaches Kontaktstreben liegt demnach am anderen Pol.

Diese Gabe ist – wie vieles andere – unterschiedlich verteilt. Hohe, mittelmäßige oder niedrige Feinfühligkeit kann je nach Situation zum Vorteil oder Nachteil sein! – Wie ist der Bewerber: sensibel, verletzbar, ein „Feingeist"? Dann wird er z. B. keine starke Verkäuferpersönlichkeit sein. Ist er sensibel, im Nehmen aber standhaft, das könnte gehen. Seine Sensibilität ist dann nicht identisch mit Verletzbarkeit. Besser wäre geringe Feinfühligkeit: Er ist dann in der Kontakt- und Kommunikationsfähigkeit gelegentlich etwas eingeschränkt, wenn es um „sensibles" Mitempfinden geht, – er ist jedoch bei Interventionen oder in Situationen starker Exponiertheit resistent, d. h. widerstandsfähig.

Feinfühligkeit

Der Traum vieler wäre: in höchstem Maße sensibel für die Wahrnehmung, aber „unsensibel und robust" für die Reaktion; nur das gibt es so gut wie nicht ...

Fragen Sie nach allem, was mit Sensibilität oder dem Gegenteil, Robustheit und Dickfelligkeit, zu tun hat.

„Vertrauen ist gut, Kontrolle ist besser", heißt ein Aus-   *Mißtrauen,*
spruch. Wie soll in dieser Beziehung Ihr Mitarbeiter den-   *Argwohn*
ken und handeln? Soll er hohes Mißtrauen besitzen? Das
hieße, unsicher, zögernd, leicht enttäuscht, vielleicht
intolerant sein, auch argwöhnisch und feindselig. Besser
wäre lebenspraktische Orientierung, Verständnis und
normales Vertrauen (= mittlere Ausprägung). Die niedrige Ausprägung von Mißtrauen und Argwohn hieße:
Verständnis, Vertrauen, Gutgläubigkeit und Spontaneität.
Wie halten Sie es mit Ihren Mitarbeitern?
Es ist für das zwischenmenschliche Klima von großem
Vorteil, wenn z.B. ein Verkäufer (scheinbar grenzenlo-
ses) Vertrauen zeigt. Das kann unter Umständen Berge
versetzen. Andererseits sollte er eine „Sicherung" einge-
baut haben für berechtigtes Mißtrauen, eine Fähigkeit,
die mehr im Intellekt, in der Wahrnehmung, Beobachtung und Erfahrung begründet ist – nicht im „angeborenen" Mißtrauen.

Ist er eher ein konventioneller oder eher ein unkonventio-   *Unkonventionalismus*
neller Mensch? Ist er angepaßt, förmlich – oder eher frei?
Sieht und erlebt er die Dinge so, wie das seinen eigenen
Wünschen entspricht? (Dann wäre er wahrscheinlich
unkonventionell). Ist der Unkonventionalismus hoch,
dann ist Unkonventionalismus die Neigung, Herkömmli-
ches und Allgemeingültiges abzulegen, stark. Das kann
ein Zeichen für Originalität, für schöpferische Lösungen
sein, aber auch für das Bedürfnis auszubrechen. Aber
auch das Gegenteil kommt vor. Wie soll Ihr Mitarbeiter
sein?
Konventionelle, altbewährte Regeln der Höflichkeit und
des Umganges miteinander beherrschend, keine „super-
moderne", wirklichkeitsfremde, sondern eine realitätsbe-
zogene Einstellung wäre in vielen Positionen richtig.

Damit soll eine Aussage über den Grad der Bindung des Bewerbers an die Realität gemacht werden. Die größte Kunst besteht wohl darin, bei der Wahrheit zu bleiben, im Umgang überlegen zu sein und auf dieser Grundlage andere zu beeinflussen. Ist der Bewerber klug und gewitzt oder eher „tüchtig" oder „plump"? Die starke Ausprägung dieses Merkmals zeigt sich in klarer Situations- und Realitätsgebundenheit, auch in gesunder Selbstkritik. Die schwache Ausprägung zeigt sich u. a. darin, daß der Bewerber gelegentlich die Realität verläßt, falsch taktiert, nicht immer geradlinig ist usw.

Korrektheit, Nüchternheit

Die smarte, anspruchsvolle Lebenshaltung, gekoppelt mit strikter Willenskontrolle macht überlegen. – Am anderen Pol steht der naive, im Kontakt ungeschickte, in der Situationsbeherrschung ungeübte, ja primitive Mensch, vielleicht spontan und natürlich und in seiner kindlichen Naivität sogar liebenswert.

„Jeder Mensch hat Angst", aber wieviel Angst hat der Bewerber? Allgemein und z. B. infolge von Schuldgefühlen? Wer viel Angst hat, befaßt sich z. B. mit der Verteidigung der eigenen Person, ist frustrationsanfällig und besitzt meist eine geringe Entscheidungsfähigkeit.

Ängstlichkeit

Angst geht oft mit Schuldgefühlen einher, mit bewußten oder unbewußten Selbstvorwürfen und Skrupeln. Den wenig Ängstlichen erkennt man meist daran, daß er diese Gefühle nicht kennt. – Fragen Sie, ob sich der Bewerber für ängstlich oder weniger ängstlich hält, wann er schon mal – oder wie oft – Angst empfindet, bei welchen Gelegenheiten dies der fall ist und ob er gelegentlich „aus Angst" schon falsche Entscheidungen getroffen hat.

Stören Sie sich nicht an dem Wort. Gemeint ist zwar auch politisch-weltanschaulicher Radikalismus bzw. – bei sehr schwacher Ausprägung – das Gegenteil, nämlich konservative Einstellung. Im besonderen geht es um den Grad der Anpassung an allgemeingültige Verhaltensregeln bzw. das Gegenteil: die Neigung zu Totallösungen, zum Ausbrechen aus der Norm. Ist der Bewerber eher ein sich Einfügender bzw. sich Unterordnender oder eher einer, der sich selbst Normen setzt?

Radikalismus

Aggressivität geht fast immer mit Radikalismus einher. Progressivität ist, wenn merklich ausgeprägt, mit Intoleranz verbunden. Den wenig veränderungsfreudigen und konservativen Menschen hält man hingegen für einen Spießer ...

Fragen Sie nach aktuellen politischen, gesellschaftlichen, religiösen oder sonstigen Entwicklungen, die die Einstellung eines Menschen berühren, und es wird sich zeigen, wie sehr oder wie wenig „radikal" einer ist.

Es geht um das Maß an Selbständigkeit; eigentlich   *Eigenständigkeit*
Selbstgenügsamkeit, Auf-sich-Gestelltsein bis hin zum Einzelgängertum (bei sehr starker Ausprägung). Gegenteil: sich den Menschen anschließend. In der Mitte liegt die flexible Anpassung an wechselnde Situationen. – Was trifft für den Bewerber zu?

Fragen nach dem gesamten Lebensbereich eines Bewerbers sind geeignet, die Antwort darauf zu geben, ob er eigenständig handelt oder das tut, was „die anderen auch tun". – Wie haben Sie sich seinerzeit zu der Entscheidung durchgerungen (... das Haus zu bauen, die Stelle zu wechseln den „zweiten Bildungsweg" aufzunehmen usw.)? Wen haben Sie gefragt? Wer oder was gab den Ausschlag? usw.

Niedrige Werte bei der Selbstdisziplin können ein   *Selbstdisziplin,*
Hemmschuh bei der Überwindung von persönlichen   *Selbstkontrolle*
Schwierigkeiten sein. Ein hohes Maß an Selbstdisziplin bedeutet u. a. Stehvermögen, Launen und Stimmungen werden abgefangen, Widrigkeiten wird begegnet, eigene Bedürfnisse werden hintangestellt. Forschen Sie dieses Merkmal insbesondere bei Situationsschilderungen aus!

Wie gut man sich in der Hand hat oder wie schnell man bei Schwierigkeiten aus der Haut fährt, kann entscheidend sein. Schwache Selbstkontrolle, sich gehen lassen, Vergnügen am Ausbrechen haben, Launen und Stimmungen nachgeben, sind Eigenschaften, die man in den meisten Stellen nicht haben darf.

Nervosität, aber auch Triebspannung; hohe nervöse Spannung zeigt sich in Ungeduld, fallweise in physiologischen Begleiterscheinungen, z. B. Schweißausbruch, Erröten, hektischen Bewegungen. Wer eine geringe nervöse Spannung hat, zeigt auch in Streß-Situationen kaum vegetative Erscheinungen. – Bei guter Beobachtung kann gerade im Bewerbungsgespräch Art und Ausmaß nervöser Spannungen festgestellt werden. Schnell erregbare Gefühlszustände sind nicht günstig in vielen Positionen. Auch affektive Erregungen darf man sich meist nicht leisten. – Provozieren Sie ruhig einmal den Bewerber. Ist er eine schwer reizbare Persönlichkeit, so wird er ganz ruhig bleiben ...

nervöse Spannung

Anforderungen an den Bewerber

Was das Thema Anforderungen betrifft, so sind in der betrieblichen Praxis diverse Bemühungen zu beobachten, um die leidliche Sache in den Griff zu bekommen. Ernsthafte Versuche münden z.B. in einem Anforderungskatalog („Bitte bei jeder Einzelanforderung die maßgebliche Stufe ankreuzen!") von sechs engbeschriebenen Schreibmaschinenseiten. Darin wird folgendes genau abgefragt:

• Schulbildung	3 Positionen
• Berufsausbildung	5 Positionen
• Allgemeine Berufserfahrung (nach Jahren)	4 Positionen
• Arbeitsplatztypbezogene spezielle Erfahrungen (von „keine" bis „sehr umfassende")	4 Positionen
• Körperliche Anforderungen	5 Positionen
• Aufnahmefähigkeit bzw. Lernfähigkeit, insoweit das die Stelle fordert	3 Positionen
• Selbständigkeit	5 Positionen
• Verantwortung für Arbeitsausführung	5 Positionen
• Verschwiegenheit	2 Positionen

- Dispositionsfähigkeit (von „wenig" bis „sehr viel")
  einschl. Einzelgegebenheiten und Terminen   8 Positionen

- Zusammenarbeit   4 Positionen

- Logisches und analytisches Denken   4 Positionen

- Schöpferisches Denken (von 1 bis 5):
  1. Keine Anforderungen.
  2. Normale Verbesserungen bekannter Methoden
     und Techniken gefordert.
  3. Verbesserungen und Entwicklung von Methoden
     und Techniken hauptsächlich auf der Basis bereits
     bekannter Anwendungen gefordert.
  4. Erarbeiten von neuen Methoden und Techniken
     ohne Vorbilder gefordert.
  5. Wissenschaftliches Arbeiten (Forschen, Planen
     und Ausführen auf neuen Gebieten weitgehend
     ohne Vorbilder) gefordert.   5 Positionen

- Ausdrucksfähigkeit   insgesamt 7 Positionen

- Verantwortung für Personal (nach der Anzahl
  und nach der Art der Mitarbeiter)   insgesamt 10 Positionen

- Belastung durch Zeitdruck, Unfallgefährdung,
  Witterungseinflüsse und Lärm   insgesamt 20 Positionen

Aufgrund dieser Angaben entscheidet die „Personalkommission", vertreten durch die Geschäftsführung, den Personalleiter und den Betriebsrat, über Einstufung und Auswahl. Wie Anforderungen und Persönlichkeit in Übereinstimmung zu bringen sind, ist nicht geregelt. Nirgendwo erscheint der Stelleninhaber als psychologisches Wesen; Persönlichkeit ist weder erwähnt noch definiert.

Soweit in Abteilungen Anforderungsformulare an die Personalstelle in Gebrauch sind, gehen daraus etwa folgende Punkte hervor:

Personalanforderung   Name/ Datum

Beantragt wird die Einstellung / Umbesetzung
    ◯ als Neueinstellung (Schaffung einer zusätzlichen Planstelle)
    ◯ als Ersatz für ...

Abteilung	Rangstufe
Tarifgruppe	Gehalt / Lohn
Einzelvertrag	

Begründung des Antrages   (organisatorisch, personell und von der
                                   Aufgabenstellung her)

Der/die angeforderte Mitarbeiter/in soll folgende Berufsmerkmale und Voraussetzungen mitbringen:

Tätigkeitsbezeichnung

Aufgabengebiet

Schulische Anforderungen   ◯ Hauptschule   ◯ Mittlere Reife   ◯ Abitur

Berufsausbildeng   ◯ Lehre   ◯ HTL/HWF   ◯ Hochschule
                                                    welcher Grad:

Berufserfahrung
(Art und Dauer der erforderl.
Berufspraxis)

Spezielle Kenntnisse

Besondere körperliche Anforderungen?

Persönlichkeit /		
Wichtige Eigen- schaften	◯ Äußeres Auftreten	◯ Kontaktfähigkeit
	◯ Umgangsformen / persönlicher Stil	◯ Führungseigenschaft

	◯ Sprachgewandtheit /
	   -kenntnisse
		◯ Genauigkeit /
		   Zuverlässigkeit

	◯ Auffassung / Intelligenz	◯ Verantwortungs- bewußtsein
	◯ Zielstrebigkeit / Engagement	◯ Entscheidungsfähigkeit
	◯ Belastbarkeit	
		◯ Teamwork

Damit ist je nach Qualifikation der Beurteiler viel, wenig oder gar nichts anzufangen.

Ein, wie es scheint, durchrationalisiertes Anforderungsprofil ist das nachstehende mit fünfzehn Kriterien.

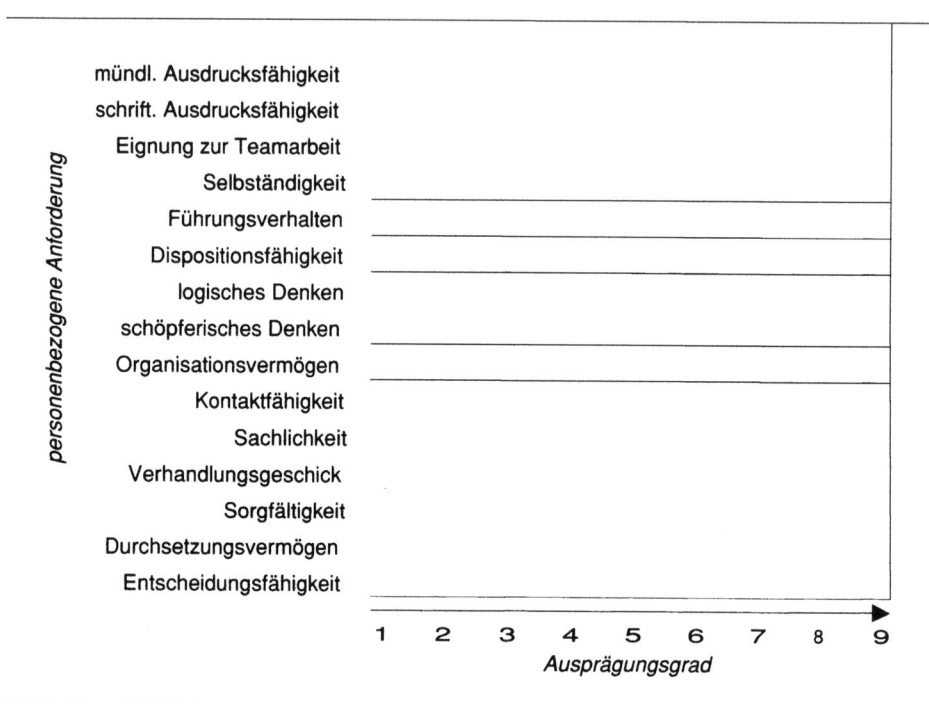

Da dieses Schema ohne Meßinstrumente und Tests angewandt wird, bleiben subjektiven Urteilen, ja Manipulation, Tür und Tor geöffnet.

Wie entwirft man ein Anforderungsprofil?

Geht es um die Besetzung qualifizierter Fach- oder Führungspositionen, kann ein exaktes Anforderungsprofil den Auswahl- und Entscheidungsprozeß erleichtern. Insoweit besteht auch allgemeine Übereinstimmung. Auf welche Anforderungsarten es jedoch ankommt, was wichtig oder weniger wichtig ist, und wie man die Anforderungen objektiv erhebt, formuliert und dann beim Bewerber feststellt, darüber gehen die Meinungen allerdings weit auseinander.

Der Personalbereich leistet hier einen wesentlichen Beitrag. Ist eine Tätigkeits- oder Stellenbeschreibung nicht vorhanden, so sorgt er in der Regel dafür, daß diese erstellt wird, bevor man auf Kandidaten- oder Bewerbersuche geht. Die Vorgehensweise ist oft wie folgt:

1. Aktualisierung der vorhandenen Tätigkeits- bzw. Stellenbeschreibung unter Einbeziehung der Zielsetzung, der Kompetenzen und der Verantwortung sowie der Kooperationspflichten.

2. Aufstellung des Anforderungsprofils.

3. Prüfung der Liste möglicher innerbetrieblicher Kandidaten, gegebenenfalls Inbezugsetzung des Mitarbeiter-Beurteilungssystems mit dem Anforderungsprofil, das gewichtete Aussagen ermöglicht.

4. Ausfüllen des Persönlichkeitsprofils nach der für die Stelle notwendigen Ausprägung der Persönlichkeitsfaktoren für die Suche auf dem Arbeitsmarkt. (Diese Kriterien gehen auch in den Anzeigentext ein.)

Was das psychologische Anforderungsprofil anbelangt, leistet ein aus den Anforderungen, wie im Beispiel „Leiter Projekt-Management" gezeigt, abgeleitetes 16-Persönlichkeitsfaktoren-Profil gute Dienste.

Bei der Personalanforderung sollten bereits jene Kriterien genannt werden, nach denen man die Leistung in dieser Position bemessen wird. In einer Stellenbeschreibung werden z. B. folgende Beurteilungsmaßstäbe genannt:

Beispiel: Einkaufs-Sachbearbeiter

Er löst seine Aufgabe gut, wenn er

• seinen Gruppenleiter durch selbständige Arbeitsweise unterstützt;

• gute Beziehungen zu guten Einkaufsquellen herstellt und pflegt;

- Geschick in Liefer- und Preisverhandlungen beweist;

- die Lieferfirmen so beeinflußt, daß sie ihr Verhalten den Bedürfnissen des eigenen Hauses anpassen;

- zusammen mit seinen Kollegen und dem Gruppenleiter in der „Stabsgruppe Einkaufsanalyse" neue günstige Einkaufsquellen erschließt;

- die Zahlungsusancen am Markt, insbesondere Skonti, Rabatte und Zahlungsziele laufend überwacht und entsprechende Vorschläge für die Einkaufspolitik macht;

- für rechtzeitige, aber nicht übertriebene Bevorratung in seinem Rohstoff- bzw. Fertigteil-Lager sorgt;

- guten Kontakt mit anderen Stellen der Firma hält, die durch seine Aufgabenstellung berührt werden, und diese im Sinne der Gesamtzielsetzung informiert.

Kennzeichen der Bewährung sind demnach: Selbständigkeit, Kontakt- und Kooperationsfähigkeit, Verhandlungsgeschick, d. h. die Fähigkeit zu beeinflussen und zu motivieren, eventuell zu manipulieren (Preisverhandlungen). Im übrigen handelt es sich um „normale" Tätigkeiten.

Beispiel: Leiter Verkauf

Für den Leiter einer Verkaufsabteilung mit Sekretärin, vier Gruppenleitern Verkauf und je einem Gruppenleiter Auftragsabwicklung und Kundendienst lauten die Beurteilungsmaßstäbe für die Leistung des Stelleninhabers:

Der Abteilungsleiter im Verkauf löst seine Aufgaben gut, wenn

- seine Abteilung die Marktchancen flexibel, rasch und auf die Dauer zuverlässig wahrnimmt,

- er in Zusammenarbeit mit der Absatzvorbereitung den Wandel des Marktes und neue Absatzmöglichkeiten rechtzeitig erkennt, aber ohne Übereilung auf entsprechende Anpassung hinwirkt,

- er die selbständige und verantwortungsbewußte Mitarbeit seiner Gruppenleiter und deren Initiative fördert,

- er die für seine Arbeit wichtigen Kontakte innerhalb wie außerhalb der Firma pflegt,

- er die Relation Kosten der Abteilung/Umsatz der Abteilung günstig gestaltet,

- auf lange Sicht der Umsatz seiner Produktgruppen zu gewinnbringenden Preisen und Bedingungen steigt,

- durch gute Abstimmung mit dem Fertigungsbereich und möglichst richtige Einschätzung der Marktlage Ihre Lieferbereitschaft und -schnelligkeit der der Konkurrenz zu vertretbaren Kosten überlegen ist,

- er seine Mitarbeiter für ein korrektes und verläßliches Auftreten gegenüber Kunden und möglichen Kunden gewinnt.[3]

Will man das **Ausleseverhältnis** verbessern, so bedeutet das fast immer Verbesserung des Anforderungsprofils. Ausleseverhältnis, das ist der Prozentsatz der ausgewählten Bewerber, die sich in ihrer Aufgabe bewähren. Es gibt Unternehmen, die sich eine Fluktuation von 100 Prozent leisten, weil sie die Frage, welche Eigenschaften und Fähigkeiten und welcher Persönlichkeitstypus in einer bestimmten Position die Voraussetzungen für Bewährung sind, analytisch nicht gelöst haben.

Alles wünschenswerte Verhalten – Leistung, Bewährung und Identifikation mit der Aufgabe und dem Unternehmen und damit Interesse, Motivation und Zufriedenheit des Mitarbeiters – hängt davon ab, ob die Ausprägung der Persönlichkeitsfaktoren mit den Anforderungen der Stelle und den sonstigen betrieblichen Normen und Bedingungen (auch den Beurteilungskriterien) übereinstimmt. Auf den richtigen Persönlichkeitstypus kommt es an.

---

[3]Schwarz, Horst, Arbeitsplatzbeschreibungen, Freiburg/Breisgau, 1968, Seite 203.

Stellenbeschreibung – Anforderungen – Persönlichkeitstypus

Die folgenden Beispiele sind aus einem erfolgreichen mittelständischen Unternehmen.

Stellenbeschreibung für

```
LEITER DES GESCHÄFTSBEREICHES
VERTRIEB
```

I. Stellenkennzeichnung und organisatorische Eingliederung

Stellenbezeichnung: Leiter des Geschäftsbereiches Vertrieb

Stelleninhaber: Herr . . . .

Dienstrang: Geschäftsbereichsleiter (lt. Organigramm)

Leitungsbereich: Vertrieb und alle diesem unter- bzw.
                           nebengeordneten Dienste (s. Organisationsplan)

Unterstellung: Der Inhaber der Position ist der
                           Geschäftsleitung direkt unterstellt.

Stellvertreter des
Stelleninhabers ist: . . . . (s. besondere Vereinbarung)

Überstellung: Der Inhaber der Stelle ist Vorgesetzter aller dem
                           Geschäftsbereich angehörenden Hauptabteilungen,
                           Abteilungen bzw. Dienststellen wie
                           Verkauf Bau
                           mit A
                                I
                                D
                           Verkauf Industrie
                           mit K
                                V
                                T
                           Verkauf Großmärkte
                           Verkauf B.....
                           Die Verkaufsorganisation (Außendienst)
                           beider Produktgruppen

Verkaufsförderung
mit Werbung
      Public Relations (PR)
      Marketing
      Verkaufsschulung
Verkauf-Ausland

Besondere
Befugnisse:

Er richtet seine Arbeitszeit bzw. seine Anwesenheit im Betrieb nach den besonderen Erfordernissen seiner Stelle;
Er hat folgende Unterschriftsvollmacht (ppa)

II. Ziele der Stelle

Die allgemeine und ständige Zielsetzung der Stelle ist die Schaffung und Erhaltung der Grundlage für einen optimalen und den jeweiligen Unternehmenszielen entsprechenden Verkauf.

Insoweit ist der Geschäftsbereich Verkauf zwar eigenbestimmt durch die vorgegebenen Richtlinien der Verkaufspolitik, durch einschlägige Methoden und Verfahren wie Marktanalyse, Produktpolitik, Verkaufsstrategie usw., in seiner Zielsetzung und Disposition jedoch abhängig von der Unternehmenspolitik und den Zielen, Aufgaben und faktischen Möglichkeiten der übrigen Geschäftsbereiche, mit denen er sich zu koordinieren hat.

III. Aufgaben

Dynamische Lenkung des Verkaufs im Sinne der vorgenannten übergeordneten Ziele.

Dazu gehören die Verkaufsplanung auf weite Sicht, mittelfristig, pro Jahr und Quartal etc., die Koordination aller Aktivitäten zur Erreichung und Sicherung der Ziele und Pläne, eine entsprechende Personalplanung für den Innen- und Außendienst.

Die Führung der ihm unterstehenden Führungskräfte – Abteilungs- und Gruppenleiter – sowie Mitarbeiter und Handelsvertreter.

Der Bereichsleiter Vertrieb

– entwickelt die Verkaufs- und Preispolitik für das Unternehmen und die Produktgruppen und vollzieht sie nach Genehmigung durch die Geschäftsleitung;

– ist verantwortlich für eine wirkungsvolle
Verkaufsförderung – Werbung, Marketing, PR und
Schulung;

– hält Kontakt zu wichtigen Abnehmern,
Geschäftspartnern und Behörden;

– ist zuständig für die Erhaltung gegenwärtiger Märkte
durch verkaufsfördernde Maßnahmen, VK-Aktionen,
Maßnahmen aufgrund von Marktforschungsergebnis-
sen

– Konkurrenzbeobachtung, Kennzahlen gegebener
Marktanteile – und für die Erschließung neuer Ver-
kaufsgebiete und Märkte;

Im Rahmen des Einkaufs von Handelsware sowie Roh-
bzw. Betriebsstoffen obliegt ihm die Lenkung des Einkaufs und der Materialwirtschaft, die Aufsicht über Inven-
tur und Inventurarbeiten sowie die Betreuung wichtiger
Lieferanten.

Er ist zuständig für die Verkaufsverwaltung und -abwick-
lung in dem Sinne, daß alle verkäuferisch-administrativen,
finanziellen und kommerziellen Belange des Verkaufs so
wahrgenommen werden, daß der optimale Nutzen gewähr-
leistet und die Sicherung der Forderungen des Unternehmen gegeben ist.

Außerdem gehören zu seinen Aufgaben: Alle mit der Führung des Geschäftsbereich zusammenhängenden sonstigen
allgemeinen und laufenden Sachaufgaben, Organisations-,
Planungs- und Kontrollaufgaben sowie die Personalaufgaben nach dem Prinzip des Delegations-Grundsatzes – insbesondere betreffend die eigenständigen Ziel- und Aufgabenstellungen der verschiedenen Verkaufsabteilungen
sowie der Exportabteilung. (Eingreifen in diese delegierten
Bereiche, was Zielsetzung, Aufgabenabwicklung und Verantwortung des jeweiligen Stelleninhabers anbelangt, ist
nicht gestattet – Ausnahme: der „außergewöhnliche Fall".)

Zusammenarbeit mit **externen** Stellen, Teilnahme an
Besprechungen bzw. Konferenzen, die den Geschäftsbereich direkt oder indirekt betreffen.

IV. Kompetenzen und Verantwortung	Die **Kompetenzen** entsprechen dem in den Teilen „Ziele der Stelle" und „Aufgaben" geschilderten Handlungsrahmen, d.h., der Stelleninhaber ist befugt, alle damit zusammenhängenden Entscheidungen zu treffen. Die **Verantwortung** des Stelleninhabers deckt sich damit. Insoweit ist er verantwortlich für die genannten „Ziele" und „Aufgaben" und alle getroffenen Maßnahmen, aber auch für die Unterlassung notwendiger Maßnahmen.
V. Leistungsstandards	Die Aufgabe erfordert:

(1) Vorausgesetzt wird die gediegene Beherrschung der Materie im Rahmen des Gesamtauftrages; Entschlußfassung bei umfangreichen Arbeiten mit zum Teil neuen Aufgaben, die hohe Anforderungen an Umsicht, Überlegung und Kombinationsgabe stellen und das Durchdenken der Auswirkungen weitreichender Entscheidungen in seinem Arbeitsgebiet.

(2) Maßgebliche Mitwirkung an der Willensbildung und Willensdurchsetzung in der Unternehmung.

(3) Die Delegation der Teilaufgaben an die unterstellten Führungskräfte.

(4) Die gebotene Einschaltung und Respektierung zuständiger inner- und außerbetrieblicher Spezialstellen bzw. Berater. Er arbeitet mit allen Stellen des Hauses zusammen, die seinen Rat brauchen bzw. die die Ergebnisse seines Geschäftsbereiches berücksichtigen müssen.

(5) Die Information der ihm unterstellten Führungskräfte und seiner Mitarbeiter über alle notwendigen und für die Mitarbeiter wünschenswerten Ziele, Daten, Zusammenhänge, etc.

(6) Die Dienstaufsicht und Erfolgskontrolle über die Mitarbeiter des Geschäftsbereiches.

(7) Die Tätigkeit erfordert guten Kontakt zu anderen Menschen, die Fähigkeit, auf diese einzuwirken, sicheres Auftreten und Einfühlungsvermögen, auch Fingerspitzengefühl in oft wechselnden Situationen.

(8) Die Einhaltung der innerbetrieblichen Regeln für Kommunikation und Kooperation.

Die Leistungsstandards dienen der Beurteilung und Bewertung des Stelleninhabers. Demnach löst er seine Aufgaben gut, wenn es im Sinne der Punkte (1) bis (8) keine Beanstandungen gibt.

Um diese Stelle auszufüllen und nach den Bewährungskriterien als „gut" beurteilt zu werden, benötigt der Vertriebschef

- Kontaktfreudigkeit

- emotionale Stabilität

- Dominanz

- Energie/Tatkraft/Triebspannung

- pragmatischen Realismus

- Nüchternheit/Korrektheit

- Mut/Risikobereitschaft (geringe Ängstlichkeit)

- Selbstdisziplin

Er kann Extrovertierter, Kontaktstreber, Dominanter oder Pragmatiker sein, am besten extravertierter Pragmatiker.

Stellenbeschreibung für

LEITER DES GESCHÄFTSBEREICHES PRODUKTION

I. Stellenkennzeichnung

Stellenbezeichnung: Leiter des Geschäftsbereiches Produktion

Stelleninhaber: Herr . . . .

Dienstrang: Geschäftsbereichsleiter

Leitungsbereich: Produktion und alle diesem unter- bzw. nebengeordneten Dienste (s. Organisationsplan)

Unterstellung: Der Inhaber der Position ist der Geschäftsleitung direkt unterstellt.

Stellvertreter des Stelleninhabers ist:	Herr . . . .
Überstellung:	Der Inhaber der Stelle ist Vorgesetzter aller dem Geschäftsbereich angehörenden Hauptabteilungen, Abteilungen bzw. Dienststellen wie

Überstellung: Der Inhaber der Stelle ist Vorgesetzter aller dem
Geschäftsbereich angehörenden Hauptabteilungen, Abteilungen bzw. Dienststellen wie
 – Meisterbereich
 – Technische Betriebsleitung (mit Vorrichtungsbau,
 – Schlosserei und Hausmeisterei)
 – Logistik (mit Wareneingang, Fuhrpark und Versand)
 – Produktionssteuerung
 – Kalkulation (soweit es sich um Materialeinsatz, Bearbeitungsarten- und -zeiten sowie betriebliche Montagekosten handelt).

Besondere
Befugnisse: Er richtet seine Arbeitszeit bzw. seine Anwesenheit
im Betrieb nach den besonderen Erfordernissen
seiner Stelle;
Er hat folgende Unterschriftsvollmacht: ppa

II. Ziele der Stelle Die allgemeine und ständige Zielsetzung der Stelle ist die Schaffung und Erhaltung der Grundlage für eine optimale und den jeweiligen Unternehmenszielen entsprechende Produktion. Insoweit ist der Geschäftsbereich zwar eigenbestimmt durch die vorgegebenen Daten der Technik in seiner Zielsetzung und Disposition, jedoch abhängig von der Unternehmenspolitik und im besonderen von der Verkaufspolitik der Verkaufsleitung, die je nach Marktlage unterschiedliche Zielsetzungen haben kann.

III. Aufgaben **Steuerung der Produktion** im Sinne der vorgenannten übergeordneten Zielsetzung.
Dazu gehören die Produktionsplanung, die Koordination der Produktion sowie die unter der Bezeichnung „Produktionsabsicherung" zusammenlaufenden organisatorischen, planerischen und Kontrollaufgaben.

Die Führung der Meister

Die Einbindung und Koordinierung der Technischen Betriebsleitung in die Zielsetzung und Gesamtaufgabe des Geschäftsbereiches, insbesondere der Maschinenwartung und -reparatur, der Betriebssicherheit und technischen Administration.

Die Steuerung der unter „**Logistik**" zusammengefaßten Abteilungen bzw. Dienste wie Wareneingang, Zentrallager, sonstige Lager, Fuhrpark und Versand.

Alle mit der Führung des Geschäftsbereiches zusammenhängenden **sonstigen** allgemeinen laufenden **Sachaufgaben**, **Organisations-**, **Planungs-** und **Kontrollaufgaben** sowie die **Personalaufgaben** nach dem Prinzip des Delegations-Grundsatzes (Eingreifen in delegierte Bereiche, was Zielsetzung, Aufgabenabwicklung und Verantwortung des Stelleninhabers anbelangt, ist nicht gestattet; Ausnahme: der „außergewöhnliche Fall").

Zusammenarbeit mit **externen** Stellen, sowie Teilnahme an **Besprechungen** bzw. Konferenzen, die den Geschäftsbereich direkt oder indirekt betreffen.

IV. Kompetenzen und Verantwortung

Die **Kompetenzen** entsprechen dem in den Teilen „Ziele der Stelle" und „Aufgaben" geschilderten Handlungsrahmen, d.h., der Stelleninhaber ist befugt, alle damit zusammenhängenden Entscheidungen zu treffen.

Die **Verantwortung** des Stelleninhabers deckt sich damit. Insoweit ist er verantwortlich für die genannten „Ziele" und „Aufgaben" und alle getroffenen Maßnahmen, aber auch für die Unterlassung notwendiger Maßnahmen.

V. Leistungsstandards

Die Aufgabe erfordert:

(1) Maßgebliche Mitwirkung an der Willensbildung und Willensdurchsetzung in der Unternehmung.
(2) Die Delegation der Teilaufgaben an die unterstellten Führungskräfte.
(3) Die gebotene Einschaltung und Respektierung zuständiger inner- und außerbetrieblicher Spezialstellen bzw. Berater.
(4) Die Information der Mitarbeiter über alle notwendigen und für die Mitarbeiter wünschenswerten Ziele, Daten und Zusammenhänge.
(5) Die Dienstaufsicht und Erfolgskontrolle über die Mitarbeiter des Geschäftsbereiches.
(6) Die Tätigkeit erfordert guten Kontakt zu anderen Menschen, die Fähigkeit, auf diese einzuwirken,

sicheres Auftreten und Einfühlungsvermögen, auch Fingerspitzengefühl in oft wechselnden Situationen.

(7) Vorausgesetzt wird die gediegene Beherrschung der Materie im Rahmen des Gesamtauftrages; Entschluß- fassung bei umfangreichen Arbeiten mit zum Teil neuen Aufgaben, die hohe Anforderungen an Umsicht, Überlegung und Kombinationsgabe stellen und das Durchdenken der Auswirkungen weitreichen- der Entscheidungen in seinem Arbeitsgebiet.

(8) Die Einhaltung der innerbetrieblichen Regeln für Kommunikation und Kooperation.

Die Leistungsstandards dienen der Beurteilung und Bewertung, d. h., der Stellenin- haber löst seine Aufgabe gut, wenn es im Sinne der Punkte (1) bis (8) keine Bean- standungen gibt.

Anmerkung: Die Akzente sind zum Teil anders gesetzt als beim Vertriebsleiter des gleichen Unternehmens. Dieser war bereits in Amt und Würden, der Vertriebsleiter wurde noch gesucht. Also gilt es, die Persönlichkeit des Produktionschefs – eine „Mischung" aus dem Typ des Robusten und des Dominanten – zu berücksichtigen bzw. zwischen den Zeilen anzusprechen.

Übrigens haben Robustheit und Dominanz sehr gut dem Druck der Großkunden standgehalten, für die das Unternehmen ein „Just-in-time-Lieferant" ist.

Führungseigenschaften – Führungspersönlichkeiten

In diesem Zusammenhang stellt sich die Frage nach den **Führungseigenschaften**. Gilt die „Theorie der Führungseigenschaften", nach der es bestimmte Persönlich- keitsmerkmale und -eigenschaften sind, die den Führungserfolg garantieren? Auf welche Persönlichkeitseigenschaften bzw. -merkmale kann man sich verlassen, wenn man eine Führungsposition besetzt? Da die Führungskraft nicht immer tun kann, was Mitarbeiter anstreben, muß sie sich gegebenenfalls gegen sie durchsetzen. Welche Persönlichkeitseigenschaften bzw. -merkmale setzt man dann mit Aussicht auf Erfolg ein?

„Führungsqualitäten" beruhen nach Meinung von Wissenschaftlern, aber auch von Laien, auf Persönlichkeitsmerkmalen und -eigenschaften, die in besonderem Maße dazu befähigen, andere zu dirigieren. Die Befunde von Untersuchungen – Bernard fand 31, Bird 79, Stogdil 124, Partridge 277 führungsrelevante Wesenszüge – konn- ten jedoch nicht immer befriedigen. Es werden u. a. genannt:

Persönlichkeitsfaktoren

Anforderungsprofil für:

Führungspersönlichkeit

(statistisch)

	sehr gut / sehr stark	gut/stark	mittel	schlecht / schwach	sehr schlecht / sehr schwach
Kontaktfreudigkeit			■		
Intelligenz		■			
emotionale Stabilität		■	■		
Dominanz		■	■		
Energie, Tatkraft		■			
Verläßlichkeit		■	■		
aktives Kontaktstreben		■	■		
Feinfühligkeit			■	■	
Mißtrauen, Argwohn			■	■	
Unkonventionalismus			■	■	
Korrektheit, Nüchternheit		■	■		
Ängstlichkeit				■	■
Radikalismus		■	■		
Selbständigkeit			■	■	
Selbstdisziplin	■	■			
nervöse Spannung			■	■	

- Schulerfolg, sozio-ökonomisches Niveau der Familie

- Körpergröße, Gewicht, Wuchs, Alter; auch sportliche Leistung

- Intelligenz

- Initiative

- Aufgeschlossenheit, Humor, Enthusiasmus, Freundlichkeit

- Selbstvertrauen

- Aggressivität, Wendigkeit, Wortgewandtheit

Diese Eigenschaften können in Führungspositionen von Vorteil sein. Zweifellos besitzen viele der Nichtführenden diese und weitere Merkmale, die man Führungspersönlichkeiten zuschreibt. Andererseits zeigen Führende zum Teil zu den hier genannten Eigenschaften genau das Gegenteil. In den Magazinen, die sich mit Management und Managerpersönlichkeiten befassen, wird ein gewisser Personenkult getrieben, der offenbar gut ankommt und ungewichtet Intellekt, Emotionalität und Persönlichkeitseigenschaften als Erfolgsfaktoren gelten läßt. Und daneben gibt es das große Heer der Manager, deren Mitglieder sich gar nicht so nennen, aber die tägliche Führungsarbeit im allgemeinen recht effizient erledigen.

Worauf beruht Führungserfolg? Vertriebsleiter und Vertriebsleiter in verschiedenen Unternehmen sind selten vergleichbar. Der Produktionsleiter einer Maschinenfabrik muß sicher andere Eigenschaften besitzen als sein Kollege in einer Kleiderfabrik usw. Dennoch gibt es ein im Einzelfall mehr oder weniger gültiges Profil der Führungspersönlichkeit. Es ist einmal das 16-Faktoren-Persönlichkeitsprofil, das die durchschnittliche Ausprägung der Faktoren von „normal erfolgreichen" Führungskräften zeigt, und es sind zweitens die nach der Summe der Anforderungen definierten Persönlichkeitsstrukturen bzw. -typen.

Die „statistische" Führungspersönlichkeit hat die Merkmalsausprägungen, wie auf Seite 186 skizziert.

Dieses Profil ist statistisch ermittelt (Durchschnitt einer repräsentativen Zahl von Führungskräften) und ist im Normalfall eine Garantie für den Führungserfolg. Voraussetzung ist sowohl der Ausprägungsgrad einzelner Persönlichkeitsfaktoren – ob sehr stark, stark, mittel, schwach oder sehr schwach – als auch deren Verhältnis zueinander, z. B. starke Dominanz (4. Faktor) versus starke bis sehr starke Selbstdisziplin (15. Faktor).

Schluß

Menschenkenntnis ist das Ergebnis von Lernprozessen. Als „Gabe" ist sie nur wenigen geschenkt. Ein großer Teil dessen, was wir als unsere Menschenkenntnis, den Fundus persönlicher Erfahrung und Wissens, bezeichnen, ist intuitiv, ein anderer „halb bewußt", ein oft entscheidender dritter Teil das Überbleibsel aus krassen Fehlurteilen, deren Folgen wir zu tragen hatten. Aber Täuschungen, Irrtümer und Sympathieurteile sind – ungewollt – an der Tagesordnung. Sie gilt es einzudämmen bzw. einzugrenzen.

In diesem Buch geht es um die optimale Personalauswahl. Das Optimum verlangt als Voraussetzung klare und wirklichkeitsnahe Darlegung der Aufgaben und Anforderungen. Wer arbeiten, leisten und sich entfalten soll, braucht auch eine adäquate Umwelt. Die Kommunikations- und Kooperationsbedingungen im Unternehmen sind ebenso wichtig wie der praktizierte Führungsstil und die vorhandenen Managementtechniken, wie zum Beispiel das eingehaltene (oder nur so genannte) Delegationsprinzip. Meint man es ernst mit dem Grundsatz: „Im Mittelpunkt des Betriebes steht der Mensch", dann genügt eine allgemein humane und soziale Einstellung des Führenden nicht; Sie müssen wirklich den einzelnen in den Mittelpunkt Ihrer Überlegungen stellen.

Die Persönlichkeitstypologie soll Ihnen dabei helfen. Wer den Typus erkennt, wird sich in seiner Entscheidung nicht täuschen. Der Mitarbeiter wird sich bewähren, sei es nun der bewußt ausgewählte Angepaßte und Einfügsame, der Eigenständige und Gestaltende oder der Komplizierte und Ichbezogene. Dieser oder jener aus der Gruppe der angepaßten und einfügsamen Typen wird sich bei der zu ihm passenden Aufgabe sicher und zufrieden fühlen; nur darf man von ihm nicht solche Verhaltensweisen verlangen, die jenen Menschen eigen sind, die zu den eigenständigen, gestaltenden und kreativen Typen gehören. Diese wiederum werden sich in einer Rolle, die dem Angepaßten zugedacht ist, nicht wohl fühlen und nach anderen Aufgaben suchen.

Weder besonders gut angepaßt noch souverän in ihren Zielen und Handlungen sind die Angehörigen der dritten Gruppe. Die komplizierten, unausgeglichenen, individualistischen Persönlichkeitstypen sind für den einen „Störenfriede", für den anderen nur eigenwillige Egoisten oder gar das „Salz in der Suppe". Aber wo Wollen und Können auseinanderfallen, wo der innere Spannungsbogen Auslöser von spontaner Leistung, aber auch Verweigerung sein kann, sind Menschenkenntnis und Führung gefragt. In einer Organisation ist letztlich für jeden Platz, und Persönlichkeitsentwicklung ist nicht ausgeschlossen.

Die 42 „reinen" Typen geben nicht die gesamte Vielfalt der menschlichen Seins-
möglichkeiten wieder. Man kann sich aber in ihnen wiederfinden und an jedem
Typus seine Menschenkenntnis schärfen. Dort, wo Sie sich vielleicht wiederfinden,
mag Widerspruch aufkommen. Aber keiner möge mich deshalb schelten, weil ich
ihn und so viele andere Bekannte gut getroffen habe.

Die Vorgehensweise, die ich vorschlage, ist

1. die nach der Summe der Anforderungen definierte Persönlichkeitsstruktur
    (Typus) herauszufinden und

2. zur Kontrolle das Persönlichkeitsprofil nach den 16 Faktoren festzulegen: Wie
    muß jeder relevante Persönlichkeitsfaktor ausgeprägt sein, wenn der Stellenin-
    haber allen Anforderungen genügen soll? Die Checkliste der Persönlichkeits-
    faktoren kann gleichzeitig zur Vorbereitung des Interviews und für dieses selbst
    benutzt werden.

Wer andere beurteilt, sollte sich selbst erkannt haben. Gute Menschenkenntnis ist
stets das Ergebnis von Selbstprüfung und Selbstkontrolle. Beurteilungen haben eine
ungeheure praktische Relevanz für menschliche Beziehungen und persönliches
Schicksal. Man sollte nie die Tragweite seines Urteils unterschätzen, sei es nun ein
Ja oder ein Nein im Leben eines Menschen.

Literaturverzeichnis

ASENDORF, JENS: Keiner wie der andere – Wie Persönlichkeitsunterschiede entstehen (Ergebnisse einer Langzeitstudie des Max-Planck-Institutes für psychologische Forschung), München 1988

AMELANG, MANFRED und AHRENS, HANS-JOACHIM: Brennpunkte der Persönlichkeitsforschung, Göttingen 1984

HALL, CALVINS: Theorie der Persönlichkeit, München 1978

HERRMANN, THEO: Lehrbuch der empirischen Persönlichkeitsforschung, Göttingen 1976

KOMPA, AIN: Personalbeschaffung und Personalauswahl, Stuttgart 1984

LIEBEL, HERMANN und OECHSLER, WALTER A.: Personalbeurteilung, Wiesbaden 1992

PREISER, SIEGFRIED: Personwahrnehmung und Beurteilung, Darmstadt 1979

ROSNER, LUDWIG: Voraussetzungen, Eigenschaften und Fähigkeiten der Führungspersönlichkeit, München 1983

ROSNER, LUDWIG: Persönlichkeitsanalyse, München 1985

ROSNER, LUDWIG: Persönlichkeitsanalyse, in: Führungslehre – Grundlagen und Anwendungen, Ehningen 1991

ROSNER, LUDWIG: Menschenkenntnis für Verkäufer, Wiesbaden 1994

SADER, MANFRED: Psychologie der Persönlichkeit, München 1980

SCHNEEWIND, KLAUS A.: Persönlichkeitstheorien, Darmstadt 1984

SCHWARZ, HORST: Arbeitsplatzbeschreibungen, Freiburg im Breisgau 1968

WINTERBOLTON, MARIAN R.: The Selection of Need for Achievement, Princeton 1958

ZERBIN-RÜDIN, EDITH: Vererbung und Umwelt, Darmstadt 1985

Gabler-Literatur zu Führung und Human Resource Management

Hermann J. Liebel / Walter A. Oechsler
Handbuch Human Resource Management
440 Seiten, 168,– DM

Harald Meier
Personalentwicklung
Konzept, Leitfaden und Checklisten
für Klein- und Mittelbetriebe
246 Seiten, 98,– DM

Christof Obermann
Assessment Center
Entwicklung, Durchführung, Trends
356 Seiten, 118,– DM

André Papmehl / Ian Walsh (Hrsg.)
Personalentwicklung im Wandel
314 Seiten, 84,– DM

Hans-Christian Riekhof (Hrsg.)
Strategien der Personalentwicklung
3. Auflage, 488 Seiten, 118,– DM

Balz Ryf
Die atomisierte Organisation
Ein Konzept zur Ausschöpfung
von Humanpotential
268 Seiten, 78,– DM

Wolfgang Saaman
Effizient führen
Mitarbeiter erfolgreich machen
193 Seiten, 68,– DM

Thomas Sattelberger (Hrsg.)
Innovative Personalentwicklung
Grundlagen, Konzepte, Erfahrungen
3. Auflage, 344 Seiten, 89,– DM

Thomas Sattelberger (Hrsg.)
Die lernende Organisation
Konzepte für eine neue Qualität
der Unternehmensentwicklung
3. Auflage, 276 Seiten, 98,– DM

Dana Schuppert (Hrsg.)
Kompetenz zur Führung
Was Führungspersönlichkeiten
auszeichnet
248 Seiten, 68,– DM

Ralf Selbach / Karl-Klaus Pullig (Hrsg.)
Handbuch Mitarbeiterbeurteilung
604 Seiten, 268,– DM

Hans Strutz (Hrsg.)
Strategien des Personalmarketing
Was erfolgreiche Unternehmen
besser machen
308 Seiten, 118,– DM

Hans Strutz /
Klaus Wiedemann (Hrsg.)
Internationales Personalmarketing
Konzepte, Erfahrungen, Perspektiven
340 Seiten, 98,– DM

Zu beziehen über den Buchhandel
oder den Verlag.

Stand der Angaben und Preise: 1.2.1996
Änderungen vorbehalten.

GABLER

BETRIEBSWIRTSCHAFTLICHER VERLAG DR. TH. GABLER, TAUNUSSTRASSE 54, 65183 WIESBADEN